Manfred Theisen • Checkpoint Europa
Flucht in ein neues Leben

© Isabelle Grubert

DER AUTOR

Der Autor und Politologe Manfred Theisen arbeitete als Zeitungsredakteur und forschte im Nahen Osten. Seine Lesereisen und Recherchen führten ihn in die arabischen Staaten. Heute lebt er mit seiner Familie in Köln.

Weitere lieferbare Bücher bei cbt:

Amok (30175)
Täglich die Angst (30363)
Weil es nie aufhört (30902)
Checkpoint Jerusalem (31107)

MANFRED THEISEN

CHECKPOINT EUROPA

Flucht in ein neues Leben

cbt

Der Verlag weist ausdrücklich darauf hin, dass im Text enthaltene externe Links vom Verlag nur bis zum Zeitpunkt der Buchveröffentlichung eingesehen werden konnten. Auf spätere Veränderungen hat der Verlag keinerlei Einfluss. Eine Haftung des Verlags ist daher ausgeschlossen.

Dieses Buch ist auch als E-Book erhältlich.

[redacted]

MIX
Papier aus verantwortungsvollen Quellen
FSC® C014496
FSC www.fsc.org

Verlagsgruppe Random House FSC® N001967

1. Auflage
Originalausgabe Juni 2016

Lektorat: Christina Neiske
Umschlaggestaltung: init | Kommunikationsdesign, Bad Oeynhausen, unter Verwendung mehrerer Motive von Thinkstock (LuminaStock, Design Pics)
he · Herstellung: wei
Satz: Uhl + Massopust, Aalen
Druck und Bindung: GGP Media GmbH, Pößneck
ISBN: 978-3-570-31076-2
Printed in Germany

www.cbt-buecher.de

[redacted]

Ich vermisse dich!

Ich tippe die Zeilen in mein Handy und schaue darauf. Dann warte ich in der Kälte, obwohl ich weiß, dass Sahra nie antwortet. Ihre Nummer ist tot. Es erscheint nur ein Häkchen. Sie hat meine Nachricht nicht gesehen. Das Display verdunkelt sich. So gehe ich weiter die nächtliche Allee entlang in diesem Park in Köln. Es ist Winter und die Luft ist eisig. Wie Sahra wohl heute aussieht? Über ein Jahr ist bereits vergangen, seit wir uns auf der Flucht aus den Augen verloren haben. Seither habe ich nichts mehr von ihr gehört. Jetzt bin ich siebzehn, genau wie sie. *Ich mag deine Haut, hellbraun und zart ist sie,* hat Sahra gesagt und mich geküsst. Nun weiß ich nicht einmal, ob sie noch lebt.

Wenn Schnee fällt, ist alles sauber und rein in Deutschland, als gäbe es keine Vergangenheit, kein Gestern und keinen Krieg. Das ist schön. Sicherheit ist ein gutes Gefühl. Alles hier gibt mir Sicherheit. Ich mag dieses Land und die Stadt. Ich gehe allein durch den Park, wie ein Fuchs, der in der Dunkelheit sein Revier durchstreift. In Syrien habe ich nie einen Fuchs gesehen. Ich weiß nicht einmal, ob es dort Füchse gibt.

Die Menschen hier haben Jahreszeiten: Winter, Frühjahr, Sommer, Herbst. Seit über einem Jahr bin ich schon in Deutschland. Meine Flucht hat zwei Jahre gedauert – über die Türkei nach Griechenland, hinüber nach Italien, dann nach Frankreich und schließlich über Paris hierher.

Das Wort *Jahre* ist der Plural von *Jahr*. Im Deutschen gibt es acht verschiedene Pluralendungen wie *das Jahr – die Jahre, das Haus – die Häuser* oder *die Maus* und *die Mäuser*. Oder heißt es *die Mäuse*? Ich weiß es nicht, obwohl ich jeden Tag in eine deutsche Schule gehe, deutsch lese, lerne und mit meinem Freund Tobias deutsch spreche. Er ist ein Journalist und schreibt meine Geschichte auf, meine Flucht von Syrien hierher, meine Reise durch die Tage und die Nächte. Das Buch soll dick wie ein Roman werden. Tobias sagt, er bewundere meine Wissbegier. Er kenne so viele übersättigte Jugendliche in Deutschland, die sich für nichts interessieren. Ich hingegen würde alles aufsaugen wie ein Schwamm. Vielleicht sagt er es auch nur, um mir zu gefallen. Dabei gefällt mir das gar nicht, denn ich möchte genauso sein wie die anderen.

Ich träume sogar in Deutsch. Die Sprache ist kompliziert, hat aber ihre Ordnung, genau wie dieser Park, in dem alles im rechten Winkel angelegt ist. Weiße Schwäne schwimmen tagsüber auf dem rechteckigen Weiher, und selbst die Sträucher sind zu Würfeln geschnitten, als ob sie nicht gewachsen wären, sondern aus einer Sträucher- und Bäumefabrik stammten. Die Deutschen formen ihr Land und zählen alles. Sogar die Vogelarten, die aussterben. Ordnung ist ihre Religion. Es ist eine gute Religion, denn ohne Ordnung herrscht nur Chaos. Die Menschen hier haben alles durchdacht und organisiert.

Das mag ich!

Genau wie die deutschen Mädchen.

Aber die sind so weit weg – weiter als Sahra es je sein kann. Selbst wenn sie nicht mehr leben würde, wäre sie mir näher als irgendein deutsches Mädchen. In der Schule sitzt Mia Thielen neben mir; sie legt immer ihr rotes Haar zur Seite, wenn sie mit mir redet. Sie ist hübsch, ihre Haut ist ganz hell und sie hat Sommersprossen um die Nase. Doch für sie bin ich immer noch ein Flüchtling mit einem Aufenthaltstitel. Ich helfe ihr in Mathematik und sie lächelt mich aus grünen Augen an. Näher als ein Lächeln komme ich nicht an sie heran. Ich gehöre einfach nicht hierher und nicht zu ihr, sondern zu Sahra. Irgendwann werde ich sie finden und zu mir holen.

Keiner aus meiner Klasse hat mich bislang im Heim

besucht. Sie wissen nicht, wie ich lebe. Dabei hat die Schule sogar zum Spenden für Flüchtlinge aufgerufen. Im Fernsehen zeigen sie Bilder von Flüchtlingen, Tag für Tag kommen mehr und mehr. Syrien ist unterwegs, der Libanon ist unterwegs und auch der Irak. Libyen, Algerien und Marokko. Erst hat sich das Geld auf der Welt bewegt, dann die Waren und nun sind es die Menschen. In der U-Bahn habe ich ein Graffiti gelesen:

Wir Deutschen haben die Waffen geschickt!

Jetzt kommen die Menschen!

Die Deutschen haben die neuen Flüchtlinge mit offenen Armen in München und Berlin empfangen, in Köln und Dortmund. Als ich im Saarland die Grenze von Frankreich nach Deutschland überquert habe, stand niemand am Bahnhof, um mich zu begrüßen.

Wieder schaue ich auf das schwarze Display. Keine Antwort von Sahra. Ich vermisse sie. Ich werde sie suchen, das habe ich mir geschworen. Und ich werde sie finden! Auch wenn es ihr Grab ist.

Das Licht der Laternen hier im Park ist weiß wie der Schnee. Im Herbst raschelt der Boden bei jedem Schritt, jetzt verschluckt der Schnee die Schritte und zeigt meine Spur, die Spur des Fuchses. Ich liebe den Schnee. Er ist rein wie ein weißes Blatt Papier. Ich schreibe Sahras Namen ordentlich mit einem Stock und frage mich, ob ich verrückt geworden bin, weil ich hier unter der Laterne ihren Namen in arabischen Buchstaben in den Schnee schreibe. In Syrien war ich der Beste in Englisch. Jetzt will ich der Beste in Deutsch sein. Ich habe schon auf der Reise Deutsch gelernt mit dem Vokabeltrainer vom Goethe-Institut auf dem Handy.

Das Rauschen der Autobahn, die direkt in die Kölner City führt, dringt zu mir herüber. Diese Straße schläft nie. Ich verlasse den Park über die Brücke, unter mir braust der Verkehr. Die Reifen der Fahrzeuge mahlen den Schnee zu Matsch. Ich liebe Autos, aber sie zerschneiden alles mit ihren Straßen. Abertausende kleine Asphaltadern haben die Stadt fest im Griff. Ich habe gelesen, dass in Köln die Menschen so dicht beieinander leben, als ob man die gesamte Menschheit auf dem australischen Kontinent zusammenstellen würde. Ich hätte gern ein Fahrrad, doch ich habe nie gelernt, das Gleichgewicht zu halten. Mein Vater wollte immer, dass ich etwas lerne, und ich will lernen. Manchmal frage ich mich jedoch, was es nutzt, wenn man viel weiß, aber ein Araber ist. Im Netz war ein Artikel über Hochbegabte: Die Deutschen denken bei Hochbegabten immer an Menschen mit weißer Haut, an US-Amerikaner, Franzosen, Engländer, vielleicht noch an Japaner und Chinesen, aber nie an einen Schwarzen aus dem Kongo, einen Somali, ein Mädchen aus Eritrea. Hochbegabung ist hellhäutig. Das scheint ein Gesetz zu sein.

Vor einem halben Jahr sollte ich ein Praktikum machen. Ich habe mich in einer Autowerkstatt, einem Supermarkt und in einem Lampengeschäft beworben, aber egal wo, sie wollten mich nicht. Mein Deutsch ist sehr gut, sagt meine Lehrerin, aber in den Betrieben wollen sie mich nicht, obwohl ich im Fernsehen oft höre, dass wir Syrer gerne genommen werden. Jetzt habe ich ein anderes Ziel: Ich werde Fremdsprachenkorrespondent. Auf dem Amt meinten sie, dass in den nächsten Jahren mehr Menschen in der Industrie gesucht werden, die arabisch sprechen und auch noch gutes Englisch. Ich sei sprachbegabt, auch mein Französisch könne sich sehen lassen, und ich solle mich ruhig mal bei der Herbrandt-Stiftung bewerben. Diese vergebe schon länger Stipendien für Migranten und habe sich nun auf Flüchtlinge spezialisiert. Man dürfe nur noch nicht länger als fünf Jahre in Deutschland sein. Daher könne ich mich problemlos bewerben. Ich glaube trotzdem nicht, dass es funktioniert. Nichts, was mit Arbeit zu tun hat, funktioniert.

Ich laufe durch die engen Straßen des Wohnviertels auf der anderen Seite der Brücke. Die Jogger haben längst ihre Runden gedreht und stehen unter den Duschen. Ein Mädchen ist noch draußen. Sie kommt mir in einem Mantel mit weißem Pelzkragen entgegen und schaut auf ihre Schuhe. Schon von Weitem ist sie hübsch wie eine Reklame. Sie hat so rotes Haar wie Mia. Als sie den Kopf hebt, traue ich mich nicht, sie weiter anzusehen, und blicke nach unten. Vor einer Woche wurde ein Mädchen im Park vergewaltigt. Keiner aus meiner Klasse glaubt, dass es ein Flüchtling gewesen ist. Warum betonen sie es so? Dann ist das Mädchen blicklos an mir vorbei. Ich sehe ihr kurz nach, betrachte ihre Spuren im Schnee.

Als ich nach meiner Ankunft in Deutschland noch in der Flüchtlingsunterkunft in Lebach im Saarland untergebracht war, haben die Mädchen die Straßenseite gewechselt, wenn jemand wie ich auf sie zukam. Sie hatten Angst vor uns. Köln ist eine große Stadt. Hier leben zu viele Leute, um vor jedem Angst zu haben. Aber in Lebach war das so. Ich lebte dort nur, weil die Behörden glaubten, ich sei schon achtzehn Jahre alt und kein Jugendlicher mehr. Zwei Jungen aus unserem Haus haben jeden Tag Mädchen angesprochen. Jasser und Wakur, zwei Kurden aus dem Irak. Sie sind zum Kaufland gegangen und haben dort die Mädchen gefragt, wie sie zu dieser oder jener Straße kommen könnten. Dann haben sie gefragt, wie die Körperteile heißen. Bein oder Knie oder so. Und dann haben sie ihren Google-Übersetzer eingeschaltet, *Ich liebe dich* auf Arabisch eingegeben und der Übersetzer hat auf Deutsch »Ich liebe dich« zu den Mädchen gesagt. Doch keines der Mädchen hat ihnen auf Deutsch die gleichen Worte gesagt. Jasser und Wakur wollten, dass ich mit ihnen komme und Mädchen anmache. Aber ich wollte das nicht. Ich schäme mich. Jetzt habe ich im Fernsehen Bilder von Lebach gesehen. Tausende von Flüchtlingen sind im Lager untergebracht. Ich will nicht wissen, wie viele Personen sich nun dort ein Zimmer teilen müssen. Eigentlich hätte ich von Lebach gar nicht nach Köln gedurft, aber ich bin hier. Und keiner fragt mehr warum.

Vor unserem Heim bleibe ich stehen. Es ist ein zweistöckiges Haus mit flachem Dach. Unsere Betreuerin heißt Nina: kräftige Beine, kräftige Arme, ein Körper wie ein Viereck. Sie ist eine nette Frau mit einem freundlichen runden Gesicht und einem Ring in der Nase. Warum sie ihn trägt, weiß ich nicht. Ich frage so etwas nicht. Am Fenster sehe ich Yasin auf und ab gehen. Er wird nächste Woche achtzehn und trägt als Einziger von uns einen Vollbart. Ein Mann muss einen Bart tragen, sagt er. Das sei eine religiöse Pflicht. Er belehrt uns ständig. Als ob wir den Koran nicht kennen würden.

Ich will nicht ins Heim, nicht in unsere Küche, wo Yasin jetzt ist, wo sich alle treffen und sagen, sie seien Freunde. Das ist eine Lüge! Yasin glaubt, dass ich in meinem Herzen noch ein Muslim sei. Ich hätte keine christliche Taufe empfangen, daher sei ich gemäß der Hadith ein Muslim. Schließlich ist in den Augen der

Muslime jedes Neugeborene, egal, welchen Glauben seine Eltern besitzen, automatisch ein Muslim, bis die Eltern das Kind zu einem Christen, einem Juden oder was auch immer taufen. Er sagt dies, obwohl ich jetzt ein Kreuz unter dem Hemd trage. Kurz vor Weihnachten habe ich mir das Christensymbol in einem Geschäft am Kölner Dom gekauft. Es ist so groß wie mein Handteller und aus Olivenholz. Ich glaube nicht an Gott, aber ein solches Kreuz beruhigt. Mir ist trotz des Schnees nicht kalt hier draußen. Die Daunenjacke schützt mich wie den Wal das Fett. Und die Mütze ist warm.

Ich lasse mich einfach rechts neben dem Hauseingang rücklings in den Schnee fallen. Es ist ein gutes Gefühl, auf dem Rücken zu liegen und in den Himmel hinein zu denken. Die Schneeflocken schweben auf mein Gesicht wie hinabrieselnde Sterne. Eine Schneeflocke fällt mir direkt ins Auge. Es brennt. Ich schließe die Augen, konzentriere mich auf meinen Atem, spüre die Kälte, die langsam in meine Jacke dringt, und höre die Geräusche von früher, denke an Sahra, an unsere Überfahrt als blinde Passagiere vom griechischen Hafen Patras ins italienische Ancona. Schließe meine Augen fester und erinnere mich, wie wir uns auf dem Parkdeck einer Fähre in einer Nische verborgen hatten und darauf warteten, dass die Leute endlich ihre Autos verließen. Khalil war bei uns. Ich hatte Sahra und ihn in Athen kennengelernt. Sie lebten damals im gleichen Lager und wir teilten uns eine Suppe. Er ist Palästinenser und aufbrausend wie ein wilder Stier.

Nachdem die Autos geparkt waren, öffneten sich die Türen der Wagen. Heraus stiegen Erwachsene und Kinder mit Taschen und Rucksäcken, laut diskutierend, nur wenige Meter vor uns stritten sich Bruder und Schwester wie Feinde, Kinder sprangen zwischen den Wagen umher, schrien, endlich frei, endlich raus aus der Zelle. Die meisten Passagiere waren Touristen, die von Griechenland zurück nach Italien, Österreich, in die Schweiz, nach Frankreich oder Deutschland wollten. Der ganze Bauch des Schiffes war ein einziges lautes Gewimmel und Geschrei. Bunt und aufgeregt. Eine Sirene ertönte. Die Menschen zwängten sich zwischen den Wagen hindurch zu den Türen, hinter denen die Treppen und Aufzüge liegen mussten, die sie hinauf auf die oberen Decks der Fähre brachten. Kurz darauf wurden die Türen wieder lautstark verriegelt. Plötzlich war es ruhig hier unten. Nur die Schritte der Arbeiter und Wachleute waren noch zu hören. Wir mussten aufpassen, dass sie uns nicht entdeckten. Gebeugt schlich ich mich mit Khalil und Sahra durch die Reihen der Autos. Khalil und Sahra probierten rechts die Türen, ich zog links an den Griffen.

»Der hier ist offen«, zischte uns Khalil zu.

Er stieg vorn in den Toyota, Sahra kletterte flink auf die Rückbank. Ich öffnete vorsichtig die gegenüberliegende Hintertür. Auf meiner Seite war ein verkrümelter Kindersitz befestigt. Nachdem ich ihn abmontiert und nach vorne geworfen hatte, setzte ich mich, machte mich klein und zog den Kopf ein. Khalil hockte vorne geduckt auf dem Beifahrersitz, aber es gelang ihm nicht, sich zu verstecken – er ist ein Kerl wie ein Baum, viel kleiner kann er sich gar nicht machen. Sahra hätte schon eher ins Handschuhfach gepasst, so zierlich ist sie. Um uns herum standen die Wagen dicht an dicht. Ob sie während der Überfahrt nach Italien die ganze Zeit die Beleuchtung auf dem Parkdeck brennen lassen würden?

Ich war so wach, dass ich den Geruch des Wagens riechen konnte. Draußen hatte es nach Meer, Öl und Abgasen gestunken, hier stank es nach Kunststoff und Plastik. Unter meinem Po pikste etwas: Es war ein Spielzeugauto, ein Porsche Cayenne. Eine Red-Bull-Dose stand in der Mittelkonsole. Sahra und ich versuchten uns flach hinzulegen, damit wir von außen nicht so leicht entdeckt werden konnten, falls ein Wachmann an den Wagen vorbeigehen würde. Meine Beine hatte ich eng an den Körper gezogen wie zum Schlafen und mit den Füßen stieß ich an die Tür.

Das Schiff ruckte an.

Ob es abgelegt hatte? Verließen wir gerade den Hafen? Es krachte draußen. Metall stieß auf Metall, rieb sich laut. Ich wollte endlich raus aus Griechenland! Es war eine furchtbare Zeit gewesen. Ich hatte wie ein Hund auf der Straße gelebt; nur die baptistischen Christen in Athen waren nett zu mir gewesen. Deshalb bin ich heute kein Muslim mehr, sondern Christ. Obwohl ich nicht verstehe, warum die Christen glauben, dass Jesus der Sohn Gottes ist. Gott kann doch gar keinen Sohn haben! Das ist unlogisch. Er hat Adam erschaffen und Eva aus seiner Rippe. Aber warum hat Maria Jesus geboren? Warum brauchte Gott eine Frau? Ich verstehe das nicht! Keiner kann es verstehen. Dennoch glaube ich, es ist besser für mich, ein Christ zu sein. Die Christen in Europa haben Angst vor den Muslimen. Das Kreuz beruhigt sie.

Khalil versuchte sich vorn vor dem Sitz zusammenzukauern, aber es gelang ihm nicht. Er schaute über die Red-Bull-Dose zu mir wie eine zu kräftige Schildkröte aus einem zu kleinen Panzer. Dann kämmte er sich das Haar mit den Fingern zur Seite. Ihm fehlt das vordere Glied seines rechten Zeigefingers. Angeblich hatte er den Finger als Kind in eine Coladose gesteckt und nicht wieder rausgekriegt. Der Finger hatte geblutet und sich heftig entzündet. Weil ihn niemand ordentlich behandeln konnte, eiterte er und musste schließlich amputiert werden. Khalil stammt aus der Stadt Burj el-Barajneh.

Das ist eigentlich gar keine Stadt, sondern ein Flüchtlingslager, wo die Menschen dicht wie Fische in einem Netz leben, wo sich die Stromleitungen wie Spinnfäden von Haus zu Haus ziehen und den Menschen im Sommer die Luft zum Atmen nehmen. Wenn Khalil über Burj el-Barajneh redete, dann sprach er über seine Familie, die noch dort lebt, und in jedem Wort wohnte sein Hass gegen die Juden.

Denn früher war der Ort ein Flüchtlingslager jener Palästinenser, die aus Israel vertrieben worden waren. Sie lebten in Zelten vom Roten Kreuz, bis die Menschen sich irgendwann Häuser gebaut haben. Aus Tausenden wurden Zehntausende Bewohner. Auf die flachen Häuser setzten sie Stockwerke, eines nach dem anderen. Und ab und an bricht einfach eines dieser Häuser unter der erdrückenden Last der Stockwerke zusammen und begräbt seine Bewohner. Burj el-Barajneh ist nicht für die Ewigkeit gebaut, doch nun leben schon Generationen dort, und Khalil wurde da geboren. Nur ein Vogel kann sich an einem solchen Ort frei fühlen. Menschen haben Füße und Wurzeln, die sie festhalten. Sie sind gefangen bis zu ihrem Tod in diesem Grab der Lebenden. Und sie dürfen nie mehr zurück in ihre Heimat Palästina, weil es heute Israel ist.

Ich blickte zu Khalil, und er bedeutete mir mit der Hand, dass ich mich noch mehr ducken sollte. Ich legte den Kopf ganz auf den Sitz, fühlte Sahras Wärme oben an meiner Schläfe, wir lagen Kopf an Kopf. Noch heute, hier im Schnee vor dem Heim liegend, spüre ich ihre Nähe. Die Vergangenheit ist gut, wenn ich an Sahra denke. Ich starrte damals wie gebannt auf die Plastikflasche Vittel, die hinter dem Vordersitz des Toyotas klemmte. Vermutlich hatte der kleine Junge, der eben im Kindersitz gesessen hatte, sie leer genuckelt, es war nur noch eine winzige Pfütze darin. Ich hatte Durst, meine Zunge klebte schon am Gaumen fest. Warum hatten wir eben nicht noch etwas getrunken? Warum hatten wir kein Wasser mitgenommen? Es war eine Dummheit. Wir wussten, es würde eine lange Überfahrt von Patras nach Ancona, aber dass wir auf der Reise fast verdursten sollten, ahnten Khalil und Sahra in diesem Moment vermutlich genau so wenig wie ich. Auf der Vittelflasche erkannte ich das Wort *Wasser*.

»Das ist Deutsch!«, sagte ich laut. »Wir sind in einem Auto von Deutschen!«

»Sei still!«, zischte mir Khalil zu. »Wie verrückt bist du eigentlich?«

Er sprach ein härteres Arabisch als ich. Ich mag das nicht. Es klingt, als ob er die Worte wie ein wilder Hund bellt. Khalils Augen sind schwarz und voller Hass auf die USA, auf die Juden und auf jeden, der etwas gegen Palästina sagt oder etwas Gutes über die USA. Ich hörte Sahras Atem. Khalil wollte damals schon unbedingt nach Paris; ich zu meinem Onkel nach Deutschland und Sahra nur weg – nach Schweden, Norwegen oder Deutschland. Irgendwohin, wo kein Krieg ist.

Ich glaube, sie wollte mit mir kommen, weil sie mich damals schon mochte. Sie ist so zart, verletzlich wie ein Blatt, und sie kommt auch aus Syrien, aus der Nähe meiner Heimatstadt Homs, aber von einem kleinen Dorf auf dem Land, wo die Zeit stets langsamer lief. Sie hat ihre Eltern auf der Flucht von der Türkei nach Griechenland verloren. Die griechische Küstenwache hatte mit einem langen Stock ein Loch in das Schlauchboot gestochen, sodass es untergegangen ist. Ich konnte es kaum glauben, als sie davon erzählt hat, doch ihre Augen sagen immer die Wahrheit. Warum sollte sie lügen?

Seit dem Tod ihrer Eltern war sie ein einsamer Mensch gewesen. Doch jetzt hatte sie ja mich! Ich lag mit ihr in diesem Toyota und schwor alles zu tun, damit ihr nichts Böses geschieht. Ich hatte ein Kribbeln im Bauch. Ihre Augen sind dunkel wie ihr Haar. Ich sah ihr Gesicht vor mir, obwohl wir uns nicht sehen konnten. Aber ihre Nase, ihre Augen, die beiden Fältchen um die Mundwinkel, wenn sie lächelt, das alles werde ich niemals vergessen, egal, was noch geschieht. Ob ich im Schnee vor unserem Heim oder neben ihr auf der Rückbank des Toyotas liege, Sahra ist immer bei mir. Die Erinnerungen und die Bilder von ihr sind einfach da, wie der Schnee, der auf mein Gesicht fällt.

Draußen schepperte etwas. Wieder stieß Metall auf Metall. Vielleicht hatte das Schiff jetzt erst abgelegt? Ich wusste es nicht. Eine solche Fähre ist so riesig, dass sie fast schon eine Insel ist. In einem Prospekt, der am Hafen aushing, hatte ich gesehen, dass es in den oberen Stockwerken der Fähre einen Supermarkt gab, wo man Parfüm und Spielzeug und sogar Computer und Kleidung kaufen konnte. Und oben an Deck wurden Bier und Cocktails serviert.

Die meisten Flüchtlinge hatten in Patras versucht, auf einen der Laster zu steigen und so auf die Fähre und auf das Parkdeck zu gelangen. Sie reißen an einer roten Ampel hinten die Türen der Laster auf und klettern in den Laderaum. Ein zweiter schließt sofort die Tür von außen. Das geht blitzschnell, damit der Fahrer nichts bemerkt. Am besten können es die Afghanen. Sie sind klein und flink. Sie klettern auch unter die Laster und halten sich dort fest. Sie sind ohnehin anders als wir: ruhiger, gelassener und extrem tapfer. Ich frage mich, warum sie so vieles klaglos erdulden.

Ich habe nur ein einziges Mal einen Afghanen weinen sehen – als Adil vom Tod seiner Familie gehört hatte. Ich hatte Adil in Istanbul auf der Straße kennengelernt. Wir sprachen Englisch. Adil hatte eine tiefe Narbe auf der Nase. Sein Vater war von den Taliban erschossen worden, seine Mutter mit ihm in den Iran geflohen, wo sie bald gestorben war, und er arbeitete in Teheran bei einem Kerl, der Tische machte. Kleine Teetische. Adil schweißte die Gestelle der Tische zusammen. Und zahlte der Polizei seine Abgaben. Doch eines Tages kamen zwei Kerle auf einem Motorrad und hielten neben ihm an. Sie fragten ihn, ob er Afghane sei. Dann schlugen sie ihn nieder und wollten Geld für ihre Mütter. Das Benzin sei so teuer. Als Adil grinste, schlugen sie ihn wieder und wieder, als suchten sie in seinem Blut nach Münzen. Adil erzählte schlimme Geschichten über die Iraner. Ich weiß nicht, ob sie stimmen. Ist das afghanische Leid wirklich so unendlich? Adil sagte: *Frag einen Iraner, was er von einem Afghanen hält, und er wird dich fragen, was du von Tieren hältst. Die Iraner mögen es nicht, wenn wir Afghanen durch ihr Land nach Europa reisen. Schließlich könnten wir dort etwas lernen und zurück nach Afghanistan kommen und unser Land aufbauen. Die Iraner wollen das nicht, sie wollen die Afghanen kleinhalten, denn sonst vergessen sie womöglich, dass die Iraner ihre Herren sind.*

Khalil, Sahra und ich sind in Patras nicht auf einen Laster gesprungen, um auf die Fähre zu kommen. Stattdessen sind wir über den Zaun am Hafen geklettert, wo die Touristen in ihren Wagen auf die Abfertigung warteten. Gerade als wir die Fähre betraten, entdeckte uns ein Wachmann. Khalil schlug ihn kurzerhand mit einem Stein nieder, der ihm dann aus der Hand glitt. Keine Ahnung, woher er diesen Stein hatte. Der Mann war groß und mächtig, so groß und mächtig wie Khalil. Trotzdem fiel er um wie ein leerer Eimer. Das Blut floss aus seinem Kopf über den Metallboden des Decks. Der Wind des Meeres war sanft und warm, und Khalils Gesicht war ohne jede Regung, als habe er den Schmerz des Wachmanns nicht mitempfunden, als sei ihm alles egal.

Als ich Khalil dann im Toyota liegend fragte: »Meinst du, der Wachmann, den du niedergeschlagen hast, ist tot?«, fauchte er nur zurück: »Sei endlich still und bleib unten mit dem Kopf!«

Ich sah nur noch die Red-Bull-Dose, nicht mehr Khalils Gesicht dahinter, denn er machte sich noch kleiner und zog den Kopf ein.

Ich redete trotzdem weiter, weil Reden beruhigt: »Die finden ihn bestimmt nicht so schnell. Die haben alle Hände voll zu tun, wenn die Fähre ablegt.«

»Jetzt halt endlich die Fresse«, zischte Khalil über die Konsole hinweg. Er starrte mich an, als wollte er mich mit seinen Augen beißen. Er ist aufbrausend. Man darf ihn nie in die Enge treiben. Khalil will keinen Kompromiss, er will sein Recht.

Aber es stimmte: Ich sollte besser still sein! Schließlich wollte ich genau so wenig ins Gefängnis wie er. Wenn ich jetzt von den Wachen erwischt worden wäre, hätten sie mich der Polizei ausgeliefert, und die hätte mich geschlagen. Da war ich mir sicher. Die Griechen wollen uns nicht, sie wollen nicht einmal, dass wir uns registrieren. Ich hatte in Athen vier Tage für Papiere angestanden, dann nicht mehr. Es war sinnlos. Nur eine Handvoll von uns wurde am Tag registriert, die Übrigen mussten am nächsten Tag wiederkommen und wieder und wieder, bis sie aufgaben oder weiter nach Westeuropa zogen.

Ich schloss die Augen und hörte Sahras Atem. Sie hatte kein Wort gesagt, aber sie lebte. Sie hat ein ruhiges Wesen. Nichts ist schlimm, solange ich mit ihr zusammen sein kann und ihren Atem höre.

»Was machst du denn hier, Basil?«, unterbricht eine laute Stimme meine Gedanken.

Es ist Tobias.

Ich spüre die Kälte auf meiner Haut, höre die Autobahn in der Ferne. Abrollgeräusche, die einen Teppich über die Nacht legen. In Köln-Ehrenfeld hat sich das Leben in die Häuser zurückgezogen. Die Realität dringt langsam wieder in meinen Verstand. Ich bin nicht auf der Fähre, liege nicht auf dem Rücksitz des Toyotas, sondern hier vor der Tür unseres Heims, habe das alles nur gedacht.

Und höre Tobias' Stimme: »Also, sag. Warum liegst du im Schnee?«

Ich öffne die Augen. Tobias' Gesicht ist rundlich und freundlich wie der Mond. Er trägt seine Motorradlederjacke, obwohl er gar nicht mehr Motorrad fährt. Auf der Jacke ist ein Tiger zu sehen und japanische Schriftzeichen. Was sie wohl bedeuten? Er reicht mir die Hand. Sie ist nicht behaart, im Gegensatz zu meinen Fingern. Das ist nicht der einzige Unterschied zwischen uns, Tobias hat auch einen kleinen Bauch und dünne Beine. Er nimmt mich in den Arm. Es ist immer ein gutes Gefühl, wenn er das tut. Deutsche nehmen sich in den Arm, wenn sie sich mögen. Er mag mich also.

Wir sehen uns fast jeden Tag, seit wir uns vor gut drei Monaten zufällig kennengelernt haben. Ich war nachmittags im Mediamarkt und suchte nach preiswerten In-Ear-Kopfhörern, genau wie er. Er hatte seine kleine Tochter Zeta dabei, die mich angesprochen hat. Tobias hat Kind und Frau und gehört zu dieser Stadt, er wohnt mit seiner Freundin Jessi und der kleinen Tochter Zeta in einem Reihenhaus. Das Haus haben sie geerbt. Das Dach muss erneuert werden und die Gehwegplatten zum Eingang sind krumm und schief. Zu Weihnachten sollte ich Tobias besuchen, aber ich wollte nicht. Schließlich ist es ein Familienfest bei den Christen. Im kommenden Jahr werde ich mitfeiern, denn wir sind jetzt Freunde, und Tobias meint, dass ich zu seiner Familie gehöre.

»Hast du an Sahra gedacht?«, fragt Tobias.

Ich entgegne mit einem Lächeln: »Du hast ein Auto. Wir könnten zu ihr nach Nizza fahren.«

»Du weißt doch gar nicht, ob sie wirklich dort ist.«

»Irgendwo muss ich mit der Suche beginnen. In Paris ist sie nie angekommen, nachdem wir uns aus den Augen verloren hatten.«

»Und geschrieben hat sie dir auch nicht.«

Das stimmt. Ich weiß nicht, was geschehen ist. Aber wenn ich an sie denke, dann kribbelt es immer noch in meinem Bauch. Lächelnd sage ich: »Lass uns einfach nach ihr suchen.« Und das meine ich ernst.

Er geht nicht auf meine Bitte ein, sondern schaut auf meinen Abdruck im Schnee. »Früher habe ich mich auch manchmal so in den Schnee gelegt und einen Schneeengel gemacht.« Er schaut mich an wie ein Kind mit Dreitagebart. »Dazu legt man sich auf den Rücken und wedelt mit den Armen.«

Mein Abdruck sieht nicht aus wie der eines Engels, eher wie ein lang gestrecktes Ei ohne Flügel.

»Schneeengel«, sage ich leise. Mir gefällt das Wort. Engel haben Flügel. Und dann fällt mir ein Sprichwort ein: »Kinder sind die Flügel des Menschen.« Tobias schaut mich groß an und sagt, dass ihm kalt wird. Im Wagen sei ihm so warm gewesen und nun diese Kälte. Jetzt erst fällt mir sein Auto auf, das direkt gegenüber auf der anderen Straßenseite parkt. Ich habe eben gar nicht gehört, wie er nur wenige Meter von mir entfernt eingeparkt hat. Es ist ein roter Golf, der an den Radkästen rostet und dessen Türgummis porös sind.

Ich öffne die Haustür zum Wohnheim. Es ist ruhig im Flur. Hinter den Türen von Fesseha und Tarik ist Musik zu hören, doch ich schließe die Tür neben der Küche auf. Das ist mein Zimmer. Tobias schlüpft hastig aus den Schuhen, kippt den Klapptisch an der Wand herunter, holt seinen Laptop aus dem Rucksack, setzt sich auf den Klappstuhl und schreibt noch in Lederjacke: *Kinder sind die Flügel des Menschen.* Dann sagt er: »Das ist wirklich ein guter Satz, Basil. Ich könnte ihn hundert Mal schreiben und ihn mir ins Zimmer hängen.«

»Willst du Tee?«, frage ich.

Er will immer Tee: schwarz, stark und mit Biohonig. Er und seine Frau Jessi haben mir das Glas geschenkt, genau wie die breite Tasse, aus der er gleich trinken wird.

Tobias notiert alles, was ich sage, jedes meiner Worte ist ihm wichtig. Vermutlich schreibt er gerade auf, dass ich auf meinem Bett sitze, hinter mir eine Deutschlandkarte an der Wand hängt, daneben ein Bild von meiner Heimatstadt Homs, dass am Kopfende zwei Hanteln auf dem Boden ruhen, dass das Bett unordentlich ist, dass ich aufstehe und den Wasserkocher anstelle, dass ich zwei Tassen aus der Küche hole, dass ich in jede Tasse einen Beutel Earl Grey lege und dass ich Tobias und mir einen Tee zubereite. Er kennt meine Gedanken, schmiedet sie zu Worten und Sätzen und schreibt sie nieder. Er ist der einzige Mensch, dem ich alles erzählen kann. Ich vertraue ihm wie sonst niemandem.

»Ich habe heute nicht viel Zeit«, erklärt er. »Jessi will, dass ich mich mehr um Zeta kümmere. Aber wann soll ich das tun? Ich habe schon zweiunddreißig Bewerbungen geschrieben.« Die Zeitung hat ihm vor einem halben Jahr gekündigt, seither sucht er Arbeit. Tobias hat seinen eigenen Blog im Netz, aber damit kann er kein Geld verdienen. Das sagt er jedenfalls.

Ich sage: »Wenn du meine Geschichte verkaufst, werden wir beide reich.«

»Ganz sicher«, stimmt er mir schmunzelnd zu. Dabei reibt er sich übers Kinn. Ich weiß nicht, ob er wirklich daran glaubt, mit meiner Geschichte Geld verdienen zu können. »Lass uns einfach anfangen. Du hast mir gestern von Syrien erzählt, von eurer Wohnung in Homs und von deiner Mutter. Was ist mit ihr passiert, als die

Truppen von Präsident Assad die Stadt angegriffen haben?«

Ich erkläre ihm, dass er Assad bitte nicht Präsident, sondern höchstens Diktator nennen soll. »Es gibt kein größeres Schwein in Syrien. Der IS hat nicht so viele Menschen umgebracht wie Assad.«

»Warum hat dein Vater dich eigentlich Basil genannt? Es ist doch der Vorname von Assads totem Bruder.«

Ich weiß es nicht. Wenn er nicht von Assads Soldaten erschossen worden wäre, hätte ich ihn dies sicherlich noch gefragt. So aber vermute ich: »Vielleicht weil Basil *mutig* und *tapfer* heißt?«

Tobias sagt: »Vielleicht. Aber jetzt erzähl weiter.«

Er senkt den Kopf, blickt starr auf die Tastatur und seine Finger. Ich soll sie mit meinen Worten bewegen. Doch das tue ich nicht. Stattdessen nehme ich die Teebeutel aus den Tassen und reiche ihm seinen Tee.

»Trink erst mal.«

Er nippt kurz. Wieder lauern seine Finger auf meine Worte.

»Okay«, sage ich und erzähle, dass ich meine Mutter vor mir sehe. In ihrer ganzen Leibesfülle. Mein Kopf ist heute noch übervoll von ihrem Lächeln, ihren kleinen lustigen Augen. Tobias' Finger hacken auf die Tastatur, folgen jedem meiner Atemzüge. Meine Mutter saß auf dem Kissen und sah selbst aus wie ein Kissen. Ihre

Schultern, ihr Hals, ihre Brust, ihr Bauch, auch ihr Gesicht war so rund wie ein Kissen. Riesig war sie und voller Liebe, als wollte sie die Welt bemuttern. Eines Tages würde sie die Wohnung nicht mehr verlassen können, sie würde nicht mehr durch den Rahmen passen. Ich fragte mich, warum sie immer noch dicker wurde. Es gab keine Süßigkeiten mehr in Homs, kein Kanafeh, kein Mabruma, selbst der Grießpudding war aus, und trotzdem wuchs der Umfang meiner Mutter. Als ich das sage, bekomme ich ein schlechtes Gefühl und frage Tobias, ob er es bitte streichen könne.

Ich will nicht so über meine Mutter reden.

»Keine Angst, Basil. Ich mache sie schlanker«, erklärt er. Seine Augen funkeln dabei. Findet er das lustig?

»Lass das!« Ich werde lauter.

»Du hast doch so über sie geredet.«

»Streich es bitte.«

Ich stehe neben ihm, schaue auf den Laptop und nippe am Tee. Tobias löscht die Zeilen. Doch das gefällt mir auch nicht. Ich weiß nicht, was ich über meine Mutter sagen soll, ohne dass es mir ein schlechtes Gewissen macht. Die Wahrheit? Sie war dick. Das ist die Wahrheit. Ich bitte ihn erneut: »Kannst du es wieder zurückholen, was ich gerade gesagt habe?«

»Warum?«

»Weil es die Wahrheit ist. Meine Mutter hat das

ganze Elend in sich hineingefressen, all die Stunden, die sie um meinen Vater getrauert hat. Sie war dick, weil sie dick sein wollte. Sie brauchte diese Schutzschicht aus Fett wie ein Wal, der in das kalte Meer taucht.«

»Du redest von ihr, als würde sie noch leben.«

Ich setze mich aufs Bett und klopfe gegen das Goldfischglas, das auf dem kleinen Tischchen neben meinem Bett steht. Klaus zuckt im Glas zusammen. Er hat einen gebrochenen Flügel und schaut mich an. Wellensittich nennen die Deutschen diese Vögel. Das Glas ist zu klein für ihn, meint Tobias. Er hat recht. Aber wenn ich ihn nicht genommen hätte, so hätte Fesseha ihn weggeworfen. Es war sein Vogel. Eigentlich dürfen wir im Heim gar keine Tiere haben. Ich berühre mit meinem Finger das Gitter, das oben auf dem Glas liegt. Tobias hat mir gesagt, dass Goldfische nicht in Goldfischgläsern gehalten werden dürfen. Das sei Tierquälerei und strafbar. Ob etwas über Vögel in Goldfischgläsern im Gesetz steht, wusste er nicht. Klaus schaut hinauf zu meinem Finger. Ich lasse Körner durch das Gitter fallen. Sie schneien auf ihn hinunter. Er pickt sie auf. Bald besorge ich ihm einen richtigen Vogelkäfig. Die Gitter streiche ich dann blau, damit er überall die Farbe des Himmels hat. Seine Augen sind winzig und treu.

»Jetzt erzähl endlich«, fordert Tobias mich auf, »wie ist deine Mutter gestorben?« Ich will über alles reden und das Buch später auf das Grab meiner Mutter legen. »Du hast gestern davon erzählt, dass du Brot geholt hast und deine Mutter auf dich gewartet hat. Du bist auf dem Rückweg nach Hause und die Truppen Assads greifen gerade euren Stadtteil an.«

Ich lege mich flach aufs Bett, schließe die Augen und rufe mir die Kreuzung in Erinnerung. Sie war nicht weit weg von unserer Wohnung. Ich höre Tobias tippen; er schreibt auf, was ich sage: Es war früher Nachmittag. Die Sonne brannte sich in die Netzhaut. Das Haus neben mir war halb eingestürzt. Eine Bombe hatte es erwischt. Abdul hielt mich an der Kreuzung auf. Ich trug das Brot für meine Mutter in einer Plastiktüte. Abdul packte mich am Arm. Ich solle nicht die Straße überqueren, sondern warten. Er warnte mich, weil er mich mochte. Jeder in unserem Viertel kannte Abdul. Er war der Erste gewesen, der sich den Aufständischen angeschlossen hatte. Und er spielte in der ersten Mannschaft von Homs Fußball. Er sagte: »Bleib hier, Basil. Warte.«

»Worauf soll ich warten?«, fragte ich.

»Warte einfach.«

»Ich will nach Hause.«

»Hast du nicht gehört, was Abdul gesagt hat, du Idiot?« Einer seiner Kameraden, der ebenfalls eine Maschinenpistole im Arm hielt, sprach mich an. Er hatte seine Zigarette so weit aufgeraucht, dass er die Lippen ganz spitz machen musste, um sich nicht den Mund zu verbrennen. »Da ist ein Scharfschütze, der trifft jedes Ziel.« Er schmiss den Zigarettenstummel weg und zeigte mit der Mündung seines Gewehrs hinüber zu einem Toten, der auf der Straße lag.

Ich kannte den Jungen. Wir waren zusammen in der Schule gewesen, als es noch eine Schule gab. Er wohnte hier in der Gegend und war vielleicht zwei Jahre älter als ich. Nun traute sich keiner, seine Leiche wegzuräumen, weil irgendwo ein Schütze lauerte. Als vergangene Woche der Vater von einem Freund beerdigt worden war, hatten Assads Flugzeuge eine Bombe auf die Trauergesellschaft geworfen. Jetzt war die ganze Familie tot. Assads Soldaten warteten darauf, dass wir unsere Leute begruben, weil sie uns dann besser töten konnten. Wenn er Giftgas eingesetzt hätte, wären Abdul und seine Freunde verloren gewesen, denn mit einem Bart hätten sie keine Gasmaske tragen können. Aber sie wären lieber gestorben, als ihre Bärte abzurasieren.

»Du kannst gleich die Straße überqueren«, beruhigte mich Abdul.

Er merkte, dass ich schwitzte. Ich schwitzte immer, wenn ich einen Toten sah. Ich konnte mich nicht an den Anblick der Toten gewöhnen. Ich wusste nicht, was der Tod war. Was war Leben? So etwas wie Elektrizität?

Wie ein Schalter, den man an- und ausknipsen kann? Die Straße, die vor mir lag, war höchstens fünfzehn Meter breit, und danach waren es noch fünfzig Meter bis zu unserem Haus, wo meine Mutter auf mich wartete. Wenn ich nicht so lange bis zum Bäcker unterwegs gewesen wäre, hätte ich es noch geschafft. Oder ich hätte wie mein Schulkamerad dort im Staub der Straße gelegen. Ich glaube, dass in diesem Kampf gegen Assad mehr Menschen beim Einkaufen sterben als im Gefecht. Jedenfalls saß ich hier fest und die Sonne trocknete diesen Jungen vor uns langsam aus wie ein totes Insekt.

In den vergangenen Tagen hatten Abdul und seine Kameraden die letzten vier Straßen von den Regierungstruppen zurückerobert. Assad ist ein Schwein. Er tötet, weil er uns nicht mehr liebt, sein Volk, weil er mit den Russen gemeinsame Sache macht und dabei gut lebt. Die Russen wollen ihren Hafen behalten, wir unser Leben. Abdul ging einen Schritt vor und schoss einfach nach rechts in die Straße hinein. Ich schaute auch um die Ecke. Dort hingen Tücher quer über der Straße und vor den Fenstern, damit wir ihre Schützen nicht sehen konnten.

»Kann ich jetzt weiter?«, drängte ich.

»Hat dein kleiner Freund 'ne Macke?«, fragte Abduls Kamerad, der wieder eine Zigarette im Mund hatte. Wo bekam er sie her? Meine Mutter rauchte auch, aber wir hatten keine Zigaretten mehr.

Abdul winkte ab. Zu mir sagte er: »Wir brauchen dich noch, Basil. Bald kannst du für uns kämpfen. Es wäre schade, wenn du jetzt stirbst.«

»Ich will jetzt kämpfen und nicht in ein paar Jahren«, sagte ich, obwohl ich wusste, dass ich auf meine Mutter achten musste. Ich hatte keinen Bruder und keine Schwester. Ich war der Mann im Haus. Mama hatte nur mich bekommen können. Abduls Freund schaute mich mitleidig an wie ein Küken.

»Wie alt bist du?«, fragte er von oben herab.

Ich sagte nicht »Vierzehn Jahre«, sondern nahm all meinen Mut zusammen und rannte los. In der Linken meine Tüte mit dem Brot lief ich über die Straße, sprang über den Jungen und rannte um einen Kanister, doch kein Schuss fiel. Kein einziger. Ich war schneller als Assads Kugeln.

Auf der anderen Seite drehte ich mich um und rief: »Ich bin bereit zu sterben! Seid ihr es auch!?«

Abdul klopfte seinem Kameraden auf die Schulter und hob die Hand in meine Richtung. Er rief mir zu: »Allah yahdik!« Und sein Freund rief ebenfalls, dass Gott mich beschützen solle.

Was würden sie sagen, wenn sie mich heute mit dem hölzernen Kreuz um meinen Hals hier im Heim sitzen sehen würden? Was würde Abdul über mich denken, wenn er noch leben würde? Ich höre seine klare und dunkle Stimme in meinem Kopf, die ruft: »Allah yahdik!«

Ich rannte die letzten Meter nach Hause, hinauf in den zweiten Stock und öffnete die Tür. Meine Mutter saß im Wohnzimmer auf der Couch und wartete auf mich. Sie hatte immer Angst.

Den Jungen, der damals auf der Straße in Homs gelegen hat, habe ich gestern gegoogelt. Ich habe einfach auf Google Earth geguckt. Aber er liegt nicht mehr dort. Ich bekomme sein Bild nicht aus meinem Kopf. Seine Augen waren geöffnet. Die Augen sind das Erste, das austrocknet. Google Earth hat mir gestern ein Satellitenbild von Homs gezeigt, das noch aus der Zeit vor dem Krieg stammt. Damals war es friedlich dort, die Kreuzung belebt. Autos standen sicher am Straßenrand, ich erkannte einen Händler mit einer Karre. Keine Ahnung, wie oft die Aufnahmen auf Google Earth erneuert werden. Sicher hatte der erschossene Junge in Homs eine Facebook-Seite und ganz sicher gibt es diese Seite noch. Wenn du stirbst, bleibt deine Seite im Netz, denn keiner wird sie löschen. Facebook weiß nicht, dass du tot bist. Wenn du stirbst, lebst du dort weiter. Du bist unsterblich auf Facebook. Ich kenne Seiten, wo immer noch in die Chronik gepostet wird, obwohl der Besitzer der Seite seit Jahren nicht mehr lebt. Aber so kannst du seine Geschichte weiterschreiben. Ein ganzes Volk lebt dort im Netz. Meine Mutter hat kein Facebook, ihre Vergangenheit ist ausgelöscht. Ich habe keinen Raum, in dem ich zu ihr sprechen kann. Soll ich ihr eine Facebook-Seite anlegen? Ich merke, wie mir Tränen aus den Augen laufen.

Das passiert manchmal.

Ich kann nichts dagegen tun.

Als ich die Augen öffne, sehe ich Tobias, wie er von seinem Laptop aufsteht. Er kommt auf mich zu und sagt: »Hey, hey! Was ist los, Basil?« Dann setzt er sich zu mir auf die Bettkante und legt seine Hand auf meine Schulter. Ich setze mich ebenfalls aufrecht, strecke das Rückgrat durch. Ich will nicht weinen.

Tobias sagt: »Du musst nicht reden, wenn es dir schwerfällt. Lass uns einfach Tee trinken.«

Ich wische mir die Tränen aus den Augen. Ich will Ruhe vor dem Krieg. Die Bilder sind noch ganz frisch in meinem Kopf, als sei ich in Homs. In den Nächten bin ich ohnehin dort, nur an den Tagen lebe ich in Köln. Alles ist Gegenwart, nichts Vergangenheit. Es gibt ohnehin keinen Unterschied. Der Schmerz der Erinnerung ist wie der Schmerz der Gegenwart. Alles ist immer da, jederzeit in meinem Kopf, eine einzige Geschichte.

Tobias reicht mir meine Tasse Tee und fragt: »Willst du eine Facebook-Seite für deine Mutter machen?«

»Was meinst du?«

»Weiß nicht«, sagt er.

»Ich mache es«, erkläre ich. Auf einmal bin ich fest entschlossen.

Tobias findet es ebenfalls gut – so könne jeder, der sie gekannt habe, auf die Seite schreiben. Kurz darauf haben wir auf seinem Laptop die Seite angelegt. Das ist ein bisschen kompliziert, weil es auf Arabisch sein muss. Ich ziehe die Fotos von meinem Handy auf seinen Laptop. Das Profilbild ist ein Foto von ihr, wie sie in der Küche steht und Batata Mahshi zubereitet. Sie machte die leckersten gefüllten Kartoffeln. Die Tomaten bekamen wir von meiner Tante Fatima, die einen kleinen Garten hat. Meine Tante war immer da, sie lebte sogar ab und an bei uns, wie ein Gast, der nie wieder gehen soll. Sonst mochte ich unsere Verwandten nicht, aber Tante Fatima hat mich nie etwas gefragt – ob es mir gut gehe, ob es mir schlecht gehe, ob ich ein Mädchen gut finde. Sie ließ mich in Ruhe. Ich hatte gern meine Ruhe.

»Sieht lecker aus«, sagt Tobias.

Und ich sage ihm, dass ich die Batata Mahshi gerne mit ihm zusammen zubereiten würde. Wir könnten sie hier in der Küche machen. Ich fühle mich gut, betrachte die Facebook-Seite meiner Mutter, die wir gerade angelegt haben, die wir langsam mit Bildern und Erinnerungen füllen, sehe ihr fröhliches Gesicht, ihre kleinen runden Augen schauen mich an. Meine Mutter war ein frommer Mensch. Sie sagte immer: *Es ist egal, ob du Muslim bist, Jude oder Christ, Hauptsache, du bist ein Mensch.* Ich wünsche mir eine Bibel mit der Tora, dem Neuen Testament und dem Koran in einem Buch, alle Gedanken in einer Sprache.

»Können wir vielleicht weitermachen?«, fragt mich Tobias. »Du weißt, ich bin ein bisschen im Stress.« Ich lasse ihn wieder an seinen Platz am Laptop, lege mich zurück aufs Bett und berichte nochmals davon, dass wir im zweiten Stock wohnten, meine Mutter und ich, dass sie auf der Couch hockte und ich ihr sagte: »Die Soldaten kommen näher.«

Meine Mutter zog sich das Kopftuch fester.

Das tat sie immer, wenn sie nervös wurde.

»Du musst fort«, erklärte sie. »Gott wird dich behüten. Du musst zu deinem Onkel Amer nach Deutschland.«

Ich legte das Brot auf den Tisch. Wir hatten kaum etwas zu essen. Ich zupfte ein Stück ab und gab es meinem Papagei.

Tobias unterbricht meine Erzählung und fragt: »Du hattest in Homs auch einen Vogel?«

»Ja. Er war brav, ein grün-roter Papagei, nicht größer

als zwei Hände. Er hatte auf seinem Kopf einen kleinen weißen Fleck, der aussah wie eine Taube, und er hat immer gekrächzt, wenn meine Mutter und ich uns gestritten haben. Dann haben wir sofort wieder aufgehört.«

»Weißt du eigentlich, wie Picasso die Friedenstaube gemalt hat?«, fragt mich Tobias.

Ich weiß nicht, wer dieser Picasso ist.

Er sagt, dieser Künstler habe die Taube erfunden, die immer auf den Peace-Fahnen abgebildet sei.

»Die mit dem Regenbogen?«, frage ich.

Er nickt und erzählt, dass dieser Picasso die Tauben mit den Füßchen auf einem Brett festgenagelt habe, um den Flügelschlag der Vögel besser betrachten zu können. Die Methode habe er von seinem Vater übernommen. »So brutal ist der Friede«, sagt Tobias und findet es witzig. Als ich nicht mit ihm lache, fordert er mich auf, weiterzureden. »Und dann? Was ist dann passiert?«

Ich überlege, sehe unser Wohnzimmer vor mir. Wir hatten nicht nur einen kniehohen Tisch, sondern auch eine Kommode an der Wand, in der meine Mutter alles aufbewahrte: Papiere und Erinnerungen, Gläser und Tücher. Sogar die Kleidung von meinem Vater. Meine Mutter sehe ich immer auf der Couch sitzend, sie war zu schwer, um vom Boden wieder aufzustehen. Wenn sie zu Bett wollte, musste ich ihr helfen, ihre Beine anheben, sie zudecken. Obwohl sie das vielleicht auch selbst gekonnt hätte, aber sie mochte es, wenn ich ihr half. Und ich wollte ihr helfen.

»Ich laufe nicht weg, Mama«, sagte ich. »Genau das will Assad doch erreichen – unsere Vertreibung aus Syrien. Er will, dass ich dich und mein Land im Stich lasse. Wer soll dir denn helfen, wenn alle weg sind?«

»Du musst fort. Ich will nicht mehr darüber sprechen!« Ihre Stimme war ganz aufgebracht, ihre Wangen rot. Sie stützte ihre Hände rechts und links auf das Polster, als wollte sie sich gleich erheben.

Ich nickte, um sie zu beruhigen.

Wir hatten ohnehin kein Geld für eine solche Flucht. Jeder, der Geld hatte oder sich Geld leihen konnte, war längst fort. Mein Onkel Amer lebte schon lange in Stuttgart, wo Mercedes gebaut wurde. Ich hatte Deutschland schon immer gemocht, weil dort jeder so schnell fahren darf, wie er will. Onkel Amer war Christ. Warum seine Eltern und deren Eltern Christen waren und wir Muslime, weiß ich bis heute nicht. Aber es interessiert mich gar nicht mehr. Ich weiß auch nicht, warum er sich Amer und nicht Amr schreibt. Jedenfalls stand das immer auf dem Absender der Briefe, die wir von ihm erhielten. Amer hatte mir einen Prospekt für die neue C-Klasse Limousine geschickt. Der Wagen darauf spiegelte sich silbergrau im Licht, ein Foto wie ein

Traum. Ich schaute auf die Worte, die neben dem Auto standen:

Wer ist schon perfekt?

Wir hätten da eine Antwort!

Mein Blick blieb an dem *ä* hängen.

Ich hatte den Prospekt damals in Homs mit in die Schule genommen. Meine Englischlehrerin sagte mir, dass die Deutschen auch noch ein *o* und ein *u* mit zwei Punkten haben. Warum das so ist, wusste sie nicht. Aber ich hatte sie neugierig gemacht. Am nächsten Tag kam sie und malte ein *ß* an die Tafel. Die anderen in meiner Klasse wunderten sich. Sie fragte, welche Sprache diesen Buchstaben hat. Hamida kannte das *ß*, denn sie hatte Verwandte in Deutschland. Aber sie hatte keine Ahnung von Autos. Meine Klassenkameraden fanden das *ß* lustig. Wir zählten nun mit der Lehrerin zu den uns bekannten 26 englischen Buchstaben die vier deutschen Buchstaben hinzu und kamen auf 30. Seitdem finde ich, dass das Deutsche besser ist als das Englische, weil es mehr Buchstaben hat.

Wieder zu Hause habe ich mir ein Foto aus dem Prospekt ausgeschnitten und über die Kommode gehängt. Darauf war ein silberner Mercedes von vorne zu sehen, mit dem Nummernschild: S OT 7575. Damals wusste ich nicht, dass das S für Stuttgart steht. Aber unsere Lehrerin hatte uns gesagt, dass in Deutschland das Auto erfunden wurde. Und dass Gottlieb Daimler sein Auto nach der Tochter seines Geschäftspartners benannt hat, die Mercedes hieß.

Tobias findet, dass ich abschweife. »Okay«, sagt er. »Aber was war mit deiner Mutter?«

Ich erzähle ihm, dass ich ihr am Tag, als sie starb, im Wohnzimmer gegenübersaß. Wir tranken gerade Tee. Plötzlich gab es einen mächtigen Knall, in der Nähe musste eine Bombe eingeschlagen sein. Mein Papagei war ganz aufgeregt. Er schrie, rannte auf seiner Stange hin und her, plusterte sich auf, hob und senkte den Kopf und schrie noch lauter als sonst.

Ich lief auf den Balkon und schaute nach oben, aber ich sah nur einen Streifen blauen Himmel. Auf einmal war es still, als sei nichts passiert.

Dann sah ich nach unten. Der Papagei horchte. Unten auf der Straße kam Abdul angerannt. Er hielt sein Gewehr, floh, schoss hinter sich. Jetzt sah ich die Soldaten. Sie verfolgten ihn. Er war schnell. Wo waren Abduls Kameraden? Niemand kämpfte alleine, nicht einmal Abdul. Die Soldaten schossen. Einer blieb stehen und zielte. Abdul fiel, schlug mit dem Kopf auf dem Boden auf. Er war getroffen. Rot lief aus seinem Schädel. Aus Rot wurde Braun, wurde Grau und versickerte im Staub der Gasse. Die Soldaten blieben bei Abdul stehen, redeten und nahmen ihm das Gewehr ab, seinen

Gürtel, seine Würde. Wenn ich eine Waffe gehabt hätte, ich hätte geschossen. Ich stellte mir ihre Köpfe vor, ihre Gesichter, wie sie zerfetzt würden von meinen Kugeln. Ich hörte meine Mutter: Sie betete. Allah werde helfen, werde das Unheil nicht zulassen, werde mich schützen, werde das Leben bewahren.

Ich hörte sie und ich hörte die Soldaten dort unten. Sie ahnte, dass Abdul tot war. Sein Blut floss nach Süden, Richtung Mekka. Es gelangte nicht bis zum Rand der Straße, berührte nicht unsere Häuser. Sein Körper lag einfach da, die Beine angewinkelt wie zum Schlaf. Ich rannte durch die Wohnung, das Treppenhaus hinunter und wollte die Soldaten erschlagen. An der Haustür blieb ich stehen. Die Soldaten waren weg. Abdul lag dort und sein Kopf blutete leer. Ich blieb im Eingang stehen. Jemand kam, zog Abdul weg. Es war kein Soldat. Vielleicht ein Verwandter. Seine Jeans war schmutzig, genau wie sein Hemd. Er schaute mich kurz an, dann trug er Abdul fort. Ich hatte gehört, dass die Leichen verkauft wurden, damit die Ärzte ihre Nieren, ihre Herzen und Gliedmaßen weiterverkaufen konnten an reiche Russen oder Amerikaner. Ich sagte, er solle ihn liegen lassen. Der Mann drehte sich noch einmal zu mir um und sagte: »Sei still!« Und ich war still. Sein Blick war so böse, dass ich hochlief zu meiner Mutter.

»Ich will kämpfen«, sagte ich ihr.

Sie sagte, ich sei ihr einziger Sohn, zog einen Umschlag aus ihrem Kleid und legte ihn auf den Tisch.

»Woher hast du das Geld?«

Sie schwieg.

Ich nahm den Umschlag.

Ich sah noch, wie sie mich anlächelte – erleichtert.

In diesem Moment explodierte etwas. Der Knall war so laut, als habe jemand eine Handgranate direkt in unserer Wohnung gezündet. Ich zuckte zusammen, meine Mutter nicht – und der Papagei war still.

Ich stocke. Was dann passiert ist, weiß ich nicht.

»Und?«, sagt Tobias in forderndem Ton. Er will, dass ich weiterrede.

»Eine Bombe hat unser Haus getroffen.«

»Und deine Mutter?«

»Der vordere Teil des Hauses war eingestürzt und ich bin einfach weggelaufen. Feige und elend.«

»Du weißt nicht, was mit deiner Mutter passiert ist? Hast du sie nicht mehr gesehen?«

»Nein.« Ich zeige ihm auf WhatsApp ein Foto von ihrem Grab, das mir ein Freund aus Homs zugeschickt hat. »Nur weiß ich nicht, ob sie darin liegt.«

»Wieso?«

»Sie haben ihre Leiche nicht gefunden.«

Tobias sagt, dass es grausam sein muss, seine Eltern zu verlieren.

Ich sage ihm, dass ich ihn mag. »Du bist der einzige Mensch, dem ich das alles erzählen kann. Du und Sahra. Aber sie antwortet nie.«

»Und deine Freunde im Heim? Redest du mit ihnen nie darüber?«

»Welche Freunde?« Ich kann es nicht fassen. Wie kommt Tobias darauf, dass ich hier Freunde habe? Nur weil ich mit diesen Menschen unter einem Dach lebe? »Du weißt gar nichts«, sage ich. »Der Krieg geht hier weiter.«

Tobias nimmt die Hände vom Laptop und legt sie sich auf die Oberschenkel, wischt hin und her, als hätten seine Handflächen geschwitzt, als würde ihn das Schreiben anstrengen. Er fragt: »Was meinst du mit ›Der Krieg geht hier weiter‹?«

»Sie lassen Fesseha nicht kochen!«

»Warum?«

»Weil das Essen dann nicht mehr halal ist, meint Yasin – er und die anderen sagen, Fesseha sei ein Ungläubiger, ein Christ.«

»Du trägst doch auch ein Kreuz?«

»Sie haben Respekt vor mir, weil ich stärker bin als sie. Ich will diese Scheißgläubigen nicht mehr. Sie denken, dass ich immer noch ein Muslim bin, weil mich die Baptisten nicht getauft haben. Das habe ich dir doch schon gesagt! Jeder ist von Geburt an ein Muslim!«

»Reg dich nicht auf, Basil.«

»Warum darf ich mich nicht aufregen? Schließlich muss ich mit Yasin leben. Du musst das nicht. Du fährst zu deiner Familie nach Hause.«

»Aber nicht alle Muslime sind so.«

»Das sage ich auch nicht. Aber Yasin ist so. Er ist total verrückt.«

»Und dein Mitbewohner aus dem Sudan?«

»Du meinst Achmed. Der ist ganz in Ordnung. Er hält sich raus. Genau wie die anderen auch.«

»Na, siehst du. Ihnen ist es egal, was die Leute für einen Glauben haben.«

»Aber Yasin nervt einfach.«

»Dann musst du es Nina sagen.«

»Hab ich schon.«

»Und?«

»Sie hat Yasin klargemacht, dass Fesseha kochen darf, egal ob er Muslim, Christ oder Jude ist. Yasin hat darauf gesagt, dass ein Jude hier nicht überleben würde.«

»Darf Fesseha jetzt kochen oder nicht?«

»Ja. Aber wenn Nina nicht da ist, fängt Yasin wieder mit seinem Halal-Gerede an. Warum schicken sie ihn nicht in den Irak? Soll er doch für den IS Schiiten töten!«

Tobias' Handy klingelt. Eine Nachricht trifft ein.

Ich bin froh über die Unterbrechung. Eigentlich will

ich all diese Dinge über Yasin nicht sagen, ich sage sie nur, weil ich schwach bin und der Zorn auf ihn mich nicht mehr loslässt. Aber Zorn und Stolz sind nur ein Zeichen der Schwäche.

»Was ist los?«, frage ich.

»Ach, egal.«

»Jessi?«

»Wer sonst?«

Wieder kommt eine Nachricht von seiner Frau.

Erneut tippt er. Sie scheinen sich zu streiten. Unsere Nachbarn in Homs haben sich auch immer gestritten. Sie hatten sechs Kinder und er hat seine Frau brutal geschlagen. Wir konnten ihre Schreie durch die Wand hören, auch die der Kinder. Tobias hat mir erzählt, dass er und Jessi schon länger zu einer Paartherapie gehen wollen. Ob es so was in Syrien auch gibt? Ich würde Sahra niemals schlagen. Ich würde sie nicht einmal anschreien.

Tobias klappt seinen Laptop zu und sagt ruhig: »Ich muss nach Hause. Jessi ist sauer.« Dabei brennt er innerlich, denn er drückt den Fingernagel seines Daumens gegen das Fleisch am Nagelrand seines Zeigefingers.

»Wieso?«, frage ich.

»Weil es so ist.«

»Bist du schlecht gelaunt?«

»Ich verbringe meine Zeit hier mit dir und du erzählst mir so einen Mist von wegen Yasin-zurück-in-den-Irak-Schicken. Was denkst du dir eigentlich dabei?«

Er ist schlecht gelaunt und sucht Streit. Aber ich habe keine Lust, bei dem Thema Yasin einzulenken, und frage: »Was willst du von mir hören? Dass ich jedem Idioten die Hand gebe, so wie ihr jedem Idioten die Hand gebt, der in euer Land kommt? Muss ich auch ein Idiot werden, nur weil ich in Deutschland lebe? Wir haben in der Schule gelernt, dass die Demokratie die Demokraten vor den Nichtdemokraten beschützen muss.«

»Das ist mir zu blöd«, erklärt Tobias und packt den Laptop ein. Jetzt ist er beleidigt wie ein trotziges Kind.

»Hey, ich hab's nicht so gemeint«, sage ich, denn ich möchte ihn nicht verprellen, aber er flieht zur Tür hinaus.

So ein Mist! Ich wähle seine Nummer.

Sofort geht die Mailbox dran. Wahrscheinlich will er nicht mit mir reden. Ich unterdrücke meine Nummer und rufe noch einmal an. Wieder nur die Mailbox. Ob er sein Handy ausgeschaltet hat? Das eben war dumm von mir. Tobias ist ein guter Mensch.

Ich gehe zum Fenster. Sein Wagen steht noch dort unten. Er hockt auf dem Fahrersitz und klappt seinen Laptop auf. Soll ich zu ihm hinuntergehen?

Was soll ich machen?

Ich schreibe eine WhatsApp an Sahra. – *Ich will dich*

sehen. Heute habe ich im Schnee gelegen und an dich gedacht. Melde dich! Bitte!

Dann mache ich ein Foto von mir und schicke es ihr. Ich will nicht alleine sein, ich habe Angst davor. Sehnsüchtig schaue ich mir die Fotos auf meinem Handy an. Sahra sitzt neben mir im Zug nach Genua. Ich wische von einem Foto zum anderen. Bilder der Vergangenheit, die sofort zu Geschichten werden. Immer ist Sahra dabei. Ich vermisse sie unendlich. Es tut weh. Ein Foto im Toyota.

Ich muss daran denken, wie wir den Wagen auf der Fähre nach Wasser abgesucht haben. Sahras Kopf an meinem Kopf. Ein Selfie von uns beiden. Ich war durstig und glücklich zugleich. Ein Foto von ihrem kleinen Kuscheltier, das Sahra immer bei sich trug: eine schwarze Katze, nur die Augen sind blau, so blau wie es sonst nur das Meer im Sommer ist. Ich schaue auf mein Handy und dann nach draußen. Der Schnee fällt in dicken Flocken. Tobias sitzt in seinem Golf und tippt. Das Licht des Laptops beleuchtet sein Gesicht. Uns trennen vielleicht zwanzig Meter Luftlinie, zwei Scheiben und eine Nacht. Ich schaue zu ihm hinüber und muss immer noch an Sahra denken.

*****

Sahra steigt die fünf Stufen zum Hotel Leidinger hoch, öffnet die Glastür und schiebt den Vorhang zur Seite. Sie setzt sich an die Lobby-Bar. Die Männer auf der anderen Seite des Tresens sind vermutlich verheiratet, haben Kinder, Frau, Freundin, Auto. Sie schauen zu ihr hinüber, begrapschen sie mit ihren Augen. Sahra will keinen Kontakt. Sie wartet auf Maxim und schaut auf das neue iPhone, das er ihr geschenkt hat.

Seit einem halben Jahr lebt sie bei ihrer Adoptivfamilie in Saarbrücken. Das sind Anna Wetenberg, ihr Mann Alexander und Sohn Maxim. Sie haben sie aufgenommen. Aber Sahra ist keine Schwester von Maxim. Er ist ein Jahr älter als sie, hat gerade Abitur gemacht und wohnt im Zimmer neben ihr. Sie betrachtet sein Gesicht auf dem Display. Die Wangenknochen sind ausladend breit und die Haare schwarz und dicht. Maxim ist hübsch. Er spricht ein herausragendes Englisch, schließlich hat er ein Jahr in London auf einer Privatschule verbracht, damit er im Leistungskurs gute Noten bekommt. Maxim ist perfekt, trotzdem liebt sie ihn nicht. Sie kann niemanden lieben.

Vier Monate hat sie in einem Heim in Saarlouis gewohnt. Das war kurz nachdem sie nach Deutschland gekommen ist. Das Heim war dunkel und die ganze Stadt erschien ihr bedrohlich. Hier in Saarbrücken sieht die Welt schon heller aus, vor allem, wenn es frisch geschneit hat. Sie wechselt einen Blick mit dem Barkeeper, der schmunzelt, als wolle er ihr sagen, dass auf der Getränkekarte für sie nur die Seite mit den Cocktails ohne Alkohol infrage kommt. Maxim müsste längst hier sein. Als sie damals vom Heim zu den Wetenbergs gezogen ist, war Maxim schüchtern. Sahra hatte direkt geahnt, dass er keine Freundin hatte.

»Sahra?«

Maxims tiefe Stimme reißt sie aus ihren Gedanken. Er trägt einen Mantel. Schwarz und weiß ist er, Pfeffer und Salz. Einen Schal hat er umgelegt, ganz schwarz. Sahra mag es, wie er sich anzieht. Sie hat schon Zeichnungen von ihm gemacht. Wie ein eleganter Europäer steht er nun vor ihr.

»Bestell nichts«, befiehlt Maxim. »Wir gehen gleich weiter. Ich muss dir etwas sagen.«

»Was denn?«

Er drückt ihr einen leichten Kuss auf die Lippen und streichelt ihr über das Haar. Sie lässt es zu.

Die Männer auf der anderen Seite der Theke schauen zu ihnen herüber. Sahra spürt die Blicke auf ihrem Rücken, als sich beim Verlassen des Hotels der Vorhang wieder hinter ihr schließt.

Sahra und Maxim gehen Hand in Hand. Sie fühlt sich leicht. Sie mag dieses Gefühl. Wenn sie einen Mann an ihrer Seite hat, hat sie Schutz. Aber als Maxim sie jetzt in den Arm nimmt, wird ihr bewusst, dass sie nicht frei ist. Er drückt ihr einen Kuss auf die Wange. Der Boden unter ihren Füßen ist rutschig. Nicht nur deshalb hakt sie sich bei ihm unter. Sie will nicht zurück ins Heim und nicht zurück nach Syrien. Denn die Hölle ist besser.

»Was willst du mir erzählen?«, fragt sie.

»Warte ab.«

»Jetzt sag schon.«

Maxim schweigt hartnäckig und führt sie die Straße entlang, vorbei an einem englischen Pub, einem Mexikaner, wo bis 19 Uhr Cocktails zum halben Preis gemixt werden, und einem Laden mit katholischen Utensilien: Kreuze in Holz, Silber und Gold, Statuen, Maria, Josef, noch mehr Gold und überall Engel. Die Katholiken mögen Gold. Sahra legt ihr Haar zur Seite. Sie weiß, dass er sie hübsch findet. Ihre Ohrringe darunter sind kleine Perlen.

Erst am Brunnen am Marktplatz bleibt Maxim stehen und erklärt: »Ich will, dass meine Mutter und mein Vater endlich wissen, dass wir zusammen sind.«

»Es wird ihnen nicht gefallen.« Sahra stellt sich vor, wie Maxims Mutter sich aufregen wird. Bis jetzt glauben Herr und Frau Wetenberg, dass Maxim und Sahra wie Bruder und Schwester in ihrem Haus leben, bis jetzt sind alle nett zu ihr, aber ihren Sohn wird Maxims Mutter nicht an eine Fremde abgeben wollen. Und in dem Moment, wo Maxims Eltern von ihrer Beziehung erfahren, wird sie wieder zur Fremden werden, zur Syrerin.

Maxim sagt: »Sie müssen es wissen.«

»Ich finde nicht«, entgegnet sie und geht eine Stufe höher am Brunnen. Nun stehen sie sich Auge in Auge gegenüber. Braun trifft auf schwarz. Er legt seine Arme um ihre Taille und küsst sie.

Er fragt: »Hast du genug Geld?«

Was soll das jetzt? Sie küsst ihn, um seine Frage zu ersticken. Er gibt ihr immer Geld, und sie nimmt es, weil sie es spart, in einer Jeans im Kleiderschrank. Es sind schon 480 Euro. Sie weiß, dass es falsch ist, Geld von ihm zu nehmen. Aber Geld ist wichtig. Es ist das Leben. Ohne Geld ist man auf der Straße verloren. Vielleicht ist sie morgen wieder auf der Straße, so wie die Leute, die am Rand des Platzes sitzen und betteln. Geld ist alles. Ohne Geld ist sie nichts.

»Ich habe den Studienplatz in München gekriegt«, verkündet er.

»Wie?« Sahra kann es nicht glauben. »In München?«

»Ja. Medizin. Ich habe es geschafft.«

»Unglaublich.«

Seine Augen glänzen vor Stolz. »Und du wirst mitkommen.«

»Ich kann nicht einfach weg«, erwidert sie. »Ich

glaube nicht, dass ich alleine bei dir leben kann, ohne deine Eltern. Das Jugendamt wird es nicht zulassen.«

»Du bist doch bald achtzehn.«

Er gibt ihr einen Kuss.

Sahra schwitzt vor Aufregung.

»Komm, lass uns nach Hause gehen«, sagt er und nimmt ihre Hand.

»Warum müssen wir es deinen Eltern erzählen? Sie haben schon genug wegen mir durchzumachen.«

»Was meinst du damit?«

Sahra würde sich am liebsten auf die Zunge beißen. Warum hat sie das gesagt? Schließlich weiß Maxim nichts von ihrem Vater und Salih. Sie hat ihn belogen, genau wie damals Basil. Nur das Jugendamt und Maxims Eltern kennen die Wahrheit.

»Willst du nicht mit mir zusammen sein?«, fragt er sie geradeheraus.

Was soll sie darauf sagen? Ein *Nein* könnte alles zwischen ihnen zerstören. Wer weiß, was Maxim dann macht? Sie will auf keinen Fall zurück ins Heim. Sie will in Ruhe für ihr Abitur lernen, studieren und alleine sein!

Sie fragt: »Können wir es ihnen nicht morgen erzählen?«

Ironisch sagt er: »Jetzt sei doch froh, dass du so einen netten Typen wie mich hast.«

Ihr ist nicht nach Ironie zumute. Maxim weiß überhaupt nichts von ihr. Hart sagt sie: »Ich will nicht, dass wir es deinen Eltern erzählen. Akzeptier es einfach!«

*****

Ich laufe aus dem Heim durch den Schnee zu Tobias' Golf und klopfe an die Scheibe. Er lässt das Fenster runter. Sein Handy vibriert auf dem Beifahrersitz, aber er beachtet es nicht. »In Schlappen werde ich dich wohl kaum im Schnee stehen lassen können.« Tobias ist nett, als hätten wir uns nicht eben gestritten. Ich verstehe die Deutschen nicht. Sie sind nachgiebig. Das ist ihre Stärke. Menschen wie Tobias bauen dir stets eine Brücke, gehen auf dich zu, damit du ihnen entgegenkommen kannst. Wie willst du jemanden schlagen, der dir die Hand entgegenstreckt?

Auf dem Dach des Wagens liegt eine saubere Schicht Schnee. Alles scheint unberührt, die ganze Welt auf Anfang. Ich steige an der Beifahrerseite ein, reibe mir die Hände und betrachte die Schneeflocken auf meiner Hose.

»Hast du eben geschrieben?«, frage ich.

Es ist so kalt im Wagen, dass der Atem in der Luft zu sehen ist.

»Hab nur kurz notiert, worüber wir uns gestritten haben. Mich würde interessieren, was du eben gedacht hast, als du vom Fenster aus zu mir runtergeschaut hast.«

»Dass ich nicht alleine sein will.«

Er schreibt mit, was ich sage. Der Laptop leuchtet in der Dunkelheit. Ich mag dieses unaufdringliche Licht, lehne mich fester in den Sitz, schnalle mich an und sage: »Lass uns zu Sahra nach Nizza fahren.«

»Hey, jetzt ist es etwas spät, meinst du nicht auch?«

»Kann sein. Aber ich meine es ernst. Ich würde wirklich gerne fahren«, sage ich. »Wir haben ab Montag schulfrei. Vielleicht können wir ja morgen …«

»Nein«, entgegnet er bestimmt. »Ich kann nicht mit dir verreisen. Überleg doch mal, wie lange es gedauert hat, bis ich die Erlaubnis vom Jugendamt bekommen habe, dass ich überhaupt mit dir reden darf und dass wir zusammen ein Buch machen dürfen. Ich soll ja nicht einmal deinen Namen verwenden.«

»Keiner wird uns aufhalten.«

»Du weißt ja überhaupt nicht, ob sie noch in Nizza ist!«

»Hier in Deutschland ist sie jedenfalls nicht«, sage ich.

Schließlich hat Tobias schon vor einem Monat erfolglos versucht, Sahra in Deutschland ausfindig zu machen. Ein Foto und ihren Namen hat er an sämtliche Erstaufnahmelager geschickt, weil er vermutete, dass sie längst von Frankreich hierhergekommen sei. Aber niemand hat sich bislang bei ihm gemeldet.

Er sagt: »Selbst wenn sie noch in Nizza ist – wie sollen wir sie dort finden?«

Ich überlege und behaupte dann, einfach um ihn zu überzeugen: »Sie lebt im Park hinter der Promenade. Dort, wo das Wasser im Sommer zur Erfrischung der Touristen in die Luft gesprüht wird wie Parfüm.«

Er sucht im Netz eine Karte von Nizza und zeigt auf den Park. »Warst du schon mal da?«

»Ich habe dort im Park geschlafen. Sahra und ich haben manchmal auf den Bänken gesessen und den Kindern zugeschaut, wie sie auf der Wiese und auf den Klettergerüsten spielten.«

»Du solltest sie dir aus dem Kopf schlagen.«

Mir wird schlecht.

»Was ist, Basil? Du bist ganz blass.«

Ich kann nichts sagen, schaue auf meine Hose. Die Schneeflocken liegen kalt darauf. Ich schließe meine Augen. Höre die Schüsse. Aus Abduls Kopf fließt Blut. Ich drücke mir auf die Ohren, versuche sie zu verschließen. Ich will nichts mehr hören, nichts mehr sehen und mir wird schwarz vor Augen.

Ich bin im Wagen zusammengebrochen. Warum? Ich kann es nicht sagen. Tobias hat mich zurück ins Heim gebracht. Jetzt stehe ich unter der Dusche, spüre das Wasser auf meinem Körper und schrubbe mich ab mit der Bürste. Ich will diese Vergangenheit nicht mehr auf meiner Haut und in meinem Kopf. Ich schlüpfe in meine Badelatschen, denn der Boden im Bad ist schmutzig und feucht von Wasserspritzern. Außer mir gibt es niemanden, der hier wirklich sauber macht. Meine Zähne sind weiß im Spiegel, trotzdem schrubbe ich sie gründlich.

Kurz darauf stehe ich mit meiner weiten Sporthose in der Küche. Tobias sitzt telefonierend auf dem Barhocker. Als er mich sieht, verabschiedet er sich noch von seiner Frau, dann knipst er den Handybildschirm aus. Fesseha lehnt neben ihm am Tisch mit einem Becher Kaffee in der Hand, auf dem *Refugees Welcome* steht. Er kommt aus Äthiopien und behauptet, dass der Kaffee ursprünglich aus Kaffa in Äthiopien stamme. Es sei eine Provinz in den Bergen. Ich mag Fesseha. Er ist schlank und unaufgeregt, ganz anders als Yasin.

»Alles gut?«, fragt er mich, während sein Handy summt. Tagein, tagaus bekommt er Nachrichten. Seine Verwandten sind überall in Deutschland und in Äthiopien. Er klopft mir freundlich mit seinen langen schlanken Händen auf den Oberarm.

»Es geht mir besser«, sage ich. Mein Magen hat sich beruhigt und mir ist angenehm warm in Pullover, Sporthose und Badelatschen.

»War es wieder wegen Sahra?«, fragt mich Fesseha geradeheraus. Dabei fährt er sich durch sein gekräuseltes Haar. Es war nicht das erste Mal, dass mir übel wurde, wenn ich an sie denken musste. Ich vermisse sie mehr als alles andere auf der Welt.

»Du weißt also auch von Sahra?«, fragt ihn Tobias.

Fesseha lacht über die Frage. »Jeder weiß von ihr. Sie hat Basil den Kopf und den Magen verdreht. Er ist ein Tiger, aber wenn es um Sahra geht, ist er wehrlos. Schau ihn dir an! Meinst du, irgendwer könnte diesen Mann besiegen?« Dabei fasst er mir an den Bizeps und versucht vergebens ihn einzudrücken. Dann fährt er fort: »Ich sage dir: JA, da ist jemand, der unseren Basil besiegen kann! Sahra, seine Liebe.«

Tobias füllt meine Tasse und träufelt Honig in den Tee. »Willst du darüber reden?«

Ich verziehe das Gesicht.

»Er redet über nichts anderes«, verrät Fesseha. »Er glaubt, diese Sahra ist seine Freundin. Du musst sie mit ihm suchen, damit er endlich Ruhe gibt.«

»Du hältst jetzt besser den Mund!«, fauche ich Fesseha an. Er nervt mit seinem Gelaber. Warum ist er jetzt nicht still? Ich weiß selbst, dass ich Sahra vergessen sollte.

Tobias' Handy vibriert auf dem Tisch, zeigt stumm den Eingang einer WhatsApp von Jessi. Er lehnt sich zurück auf dem Barhocker. Dann sagt er zu Fesseha: »Ich würde Basil gerne helfen. Aber was passiert, wenn wir mit seinen Papieren in Frankreich kontrolliert werden?«

»Warum sollten sie euch anhalten?«, fragt Fesseha. Genau das frage ich mich auch.

Tobias winkt ab. »Ich muss jetzt echt los.«

Sofort rebelliert wieder mein Magen. Früher war ich nicht so empfindlich. In letzter Zeit regt mich alles auf, was mit Sahra zu tun hat. Vielleicht braucht sie ja meine Hilfe? Und ich sitze hier fest wie ein Panther im Käfig. Ich erinnere mich an ein Gedicht, das wir vor einem halben Jahr in der Schule gelesen haben. Es handelt von einem Panther, der in Paris in einem Park gefangen gehalten wird. Ständig läuft er an den Gitterstäben auf und ab. Schließlich wird er kraftlos und sein natürlicher Wille ist wie betäubt von dem ständigen Im-Kreis-Laufen. Ich bin nicht wirklich in einem Käfig, aber ich darf nicht weg zu ihr. Andere Leute haben Eltern, ich habe das Jugendamt.

»Hey, Basil.« Tobias schaut mich an. »Träumst du? Willst du mir nicht zumindest Tschüss sagen?« Er erwartet eine Umarmung von mir. Ich stehe auf und wir verabschieden uns. »Bis morgen dann. Ich komme so gegen fünf Uhr. Ist das okay?«

Ich nicke.

Er fragt mich noch, wer denn eigentlich dieser Khalil

genau sei, mit dem ich von Griechenland bis nach Paris gereist bin.

»Ein jähzorniger Kerl. Aber ich konnte mich immer auf ihn verlassen. Ohne ihn wäre ich nicht hier. Ich habe dir ja erzählt, was er mit dem Wachmann auf der Fähre gemacht hat.«

»Was denn?«, will Fesseha wissen.

»Das kannst du irgendwann einmal in unserem Roman lesen«, erklärt Tobias kurzerhand. »Aber ich muss jetzt wirklich.« Er verabschiedet sich mit einer Umarmung und einem Lächeln. Mir ist nicht zum Lächeln zumute. Ich könnte weinen.

Denn wie soll ich Sahra finden, wenn er mir nicht hilft? Alleine komme ich nicht mehr nach Nizza. Sie kontrollieren jetzt sämtliche allein fahrenden Araber im Zug, weil jeder von uns ein Attentäter sein könnte. Ich habe Angst vor den Faschisten in Nizza. Sie hassen uns Araber. Sie hassen alles Fremde. Wenn ich dort in den Park gehe und einschlafe, werden sie mich verprügeln. Sie haben es bereits getan und sie werden es wieder tun. Ich sehe noch ihre Knüppel vor mir, die Eisenstange, mit der einer von ihnen zuschlug. Ich konnte sie nicht aufhalten. Sie schrien mich an, dass ich Scheiße bin. *Du Stück Scheiße mit deiner Nutte.* Damit meinten sie Sahra. Sie versetzten ihr einen Schlag auf den Kopf, dass sie ohnmächtig wurde. Ich mag diese Franzosen in Südfrankreich nicht. Viele wählen Le Pen und halten uns für Tiere, die zurückgeschickt werden müssen. *Repatrier* nennen sie es.

Als Tobias fort ist, hält Fesseha auf einmal eine Flasche Kölsch in der Hand. »Willst du auch einen Schluck?«

Wo hat er das Kölsch her? Wir dürfen im Heim keinen Alkohol trinken. Nina hat es uns verboten. Außerdem vertrage ich keinen Alkohol. Egal, ob Bier oder Wein. Oder Wodka oder sonst was.

Er gibt mir die Flasche und ich trinke. Das Kölsch ist eiskalt und betäubt meinen Verstand.

»Scheiß auf Nina«, sagt er. »Die darf uns nicht mal eine Kopfschmerztablette geben, ohne vorher einen Arzt zu fragen.«

Ich nicke. Das darf sie wirklich nicht.

*****

Maxims Eltern, Anna und Alexander, haben schon gewartet. Sie sind überrascht, dass Sahra und Maxim gemeinsam zurückkommen, obwohl sie heute zu unterschiedlichen Zeiten aus dem Haus gegangen sind.

»Habt ihr etwas zusammen unternommen?«, will Maxims Vater Alexander wissen.

Maxim verneint. Wir hätten uns zufällig am Marktplatz getroffen, lügt er. Erstaunt fragt er zurück: »Habt ihr etwa auf uns gewartet?«

Normalerweise sitzt sein Vater um diese Uhrzeit am PC und checkt Mails. Sahra mag ihn. Er ist ein ruhiger, unaufgeregter Typ, während Anna immer ein wenig Hektik verbreitet. Er ist Sozialarbeiter in einem Jugendheim im Norden Saarbrückens. Anna arbeitet beim Finanzamt und ist dort für die Umsatzsteuer von Unternehmen zuständig. Interessant klingt ihre Arbeit nicht, aber sie redet trotzdem gerne darüber. Sie ist meist unterwegs, macht mehrmals die Woche Yoga und singt im Chor.

»Wir haben euch etwas mitzuteilen«, hebt Alexander an. Seine ohnehin dichten Augenbrauen scheinen auf einmal noch dichter und dunkler zu sein – und seine Stimme klingt väterlich.

Anna wirft ein: »Ich weiß nicht, ob das gut ist, wenn wir mit beiden gemeinsam sprechen.«

»Sahra und ich haben keine Geheimnisse voreinander«, betont Maxim trotzig.

»Okay«, sagt Alexander. »Sahras Vater hat angerufen.«

»Was?!« Sahra ist entsetzt. Wie kann das sein? Woher weiß er, wo sie lebt? Sie schaut Maxim an. Der ist baff. Schließlich hat sie ihm, genau wie damals Basil, erzählt, dass ihr Vater und ihre Mutter bei der Überfahrt von der Türkei nach Griechenland ertrunken seien.

Alexander fährt fort: »Ja, er weiß, dass du bei uns lebst. Er hat nach dir gefragt.«

»Dein Vater?« Maxim wird laut und schaut sie vorwurfsvoll an. »Die Griechen haben doch euer Schlauchboot zerstört?«

Sahra reagiert nicht auf ihn, sie ist aufgeregt, kämmt sich mit der Hand ihr Haar zur Seite und will wissen, was ihr Vater wollte.

Alexander berichtet: »Er wollte herausfinden, ob du hier wohnst.«

»Und?«

Alexander erklärt: »Er hat mich auf Englisch gefragt, ob er mit dir reden kann, und ...«

»... und du«, unterbricht Maxims Mutter ihren Mann, »hast sofort gefragt, warum er das wissen will. Damit war deinem Vater« – dabei schaut sie Sahra entschuldigend an – »natürlich sofort klar, dass du bei uns lebst.«

»Ich kapier gar nichts«, sagt Maxim. »Wieso überhaupt dein Vater?«

Seine Mutter bittet Sahra und ihn, mit ins Wohnzimmer zu kommen. Man könne dies alles doch in Ruhe besprechen. Eigentlich habe sie es ohnehin erst einmal in aller Ruhe mit ihr alleine besprechen wollen. Aber Alexander – wieder schaut sie ihn dabei vorwurfsvoll an – habe ja gleich alles hinausposaunen müssen. Der Flur sei einfach nicht der geeignete Ort für solche Gespräche.

Als sie im Wohnzimmer sind, sagt sie zu Maxim: »Ja, es stimmt wirklich. Sahras Vater ist nicht tot.«

Sahra hockt sich neben Maxim auf die Couch und fühlt sich tonnenschwer.

Maxim fragt sie: »Warum hast du es mir nicht gesagt?«

»Ich kannte dich doch überhaupt nicht. Vielleicht hättest du es weitererzählt, und dann hätten die Leute in der Schule es mitgekriegt, und alle hätten gelästert, dass ich eine Schlampe bin.«

»Wieso sollten sie?«

Seine Mutter sagt: »Weil Sahra schon mit dreizehn von ihrem Vater verheiratet wurde.«

»Wieso sollen sie dich deshalb Schlampe nennen? Du kannst doch gar nichts dafür, wenn dein Vater dich verkauft.«

Seine Mutter mischt sich ein: »Ich kann gut verstehen, dass sie es nur uns und ihrer Betreuerin beim Jugendamt erzählt hat. Du weißt doch, wie blöd Mitschüler sein können.«

Maxim will Sahra in den Arm nehmen, aber sie zuckt zurück. Sie will keine Berührung. Sie hat furchtbare Angst vor ihrem Vater. Keiner wird ihn aufhalten. Im Spiegel des Wohnzimmerschranks kann sie sehen, wie sie auf der Couch sitzt. Sie ist so weit weg von sich, als sei sie gar nicht mehr sie selbst, sie kommt sich vor wie eine Marionette, die ihre eigenen Fäden hält. Die Stimme ihres Vaters hockt in ihrem Kopf und schreit und prügelt auf sie ein. Wie oft hat er sie geschlagen? Wie oft hat er ihre Mutter geschlagen? Ihr Vater ist ein Tyrann, schlimmer als jeder Diktator!

Sie fragt Maxims Vater: »Von wo aus hat er angerufen?«

Alexander zuckt mit den Schultern und legt die Hände auf die Sessellehnen. Er ist nervös. Die Schweißflecke unter seinen Achseln sind jetzt deutlich auf dem grauen Hemd zu sehen.

»Klang er weit weg?«, fragt Anna aggressiv.

»Wie soll ich das wissen?«, verteidigt er sich.

»Na, du wirst doch noch hören, ob er aus Syrien angerufen hat oder aus Deutschland?«

»Ich weiß es nicht«, gibt er zurück. »Soll ich dir auch noch die Handymarke sagen?«

Sahra kann die beiden hören, aber sie ist mit den Gedanken nicht mehr bei ihnen. Sie stellt sich ihren Vater vor, wie er irgendwo in der Nähe wartet und auf sie lauert. Was wird er tun?

»Wir sollten die Polizei rufen«, schlägt Maxims Mutter vor.

Sahra schüttelt den Kopf. »Er wird mich töten.« Sie ist hektisch und hat vor Aufregung rote Flecken am Hals. »Ich hab Angst.«

Gerade will Maxim sie beruhigen, da klingelt ihr Handy. Alle starren auf das iPhone, das sie neben sich auf die Couch gelegt hat. Die Nummer ist unterdrückt. Sahras Herz schlägt ihr bis zum Hals. Noch nie hat sie eine solche Angst gehabt. Selbst als sie alleine in diesem Sturm das Meer im Schlauchboot überquerte, ging es ihr besser.

»Geh einfach ran.« Maxim legt die Hand auf ihre Schulter.

Sahra ist starr vor Schreck.

Beim fünften Klingeln greift Maxim über seine Freundin hinweg und nimmt den Anruf an, legt das Handy auf den Tisch und stellt es laut, doch es passiert nichts. Lediglich ein Atmen ist von der anderen Seite zu hören.

Dann fragt eine Stimme: »Sahra?«

Alle schauen Sahra an. Ist es ihr Vater? Ohne eine Miene zu verziehen, tippt sie das Handy aus.

»War das dein Vater?«, fragt Maxim.

Sahra schweigt, aber Alexander schaut ihn nickend an. Schließlich kennt er die Stimme ihres Vaters schon.

*****

Es ist Freitag, 9:34 Uhr.

Ich erwache. Mein Handy klingelt erneut. *Tobias* erscheint auf dem Display. Er wirkt aufgeregt. »Mach die

Tür auf. Beeil dich.« Eigentlich wollte er doch erst heute Abend vorbeikommen. Und warum hat mich keiner geweckt? Heute ist der letzte Schultag vor den Ferien. Mein Schädel ist schwer vom Alkohol.

Kaum habe ich geöffnet, steht Tobias schon im Flur und fordert wild entschlossen: »Pack deine Sachen, Basil. Wir fahren nach Südfrankreich und werden Sahra finden.«

Ich umarme ihn. Dann stopfe ich ein paar T-Shirts in die Reisetasche, denn in Nizza ist es selbst im Januar noch einigermaßen warm. Wir sind dort noch im Dezember in kurzen Hosen herumgelaufen. Ich zumindest. Khalil hat natürlich lange getragen, da er als Muslim seine Knie nicht in der Öffentlichkeit zeigen soll. Wieder klingelt mein Handy. Es ist die Schule. Ich lasse es klingeln. Sie wollen sicherlich wissen, wo ich bleibe.

Tobias kommt mir schon auf dem Flur entgegen. Das Nagelbett am Zeigefinger seiner rechten Hand hat er sich blutig gebissen. Er verdeckt die Hand und meint ungeduldig: »Wenn wir uns beeilen, können wir heute Abend schon in Südfrankreich sein. Du wirst gleich mit meinem Handy online ein Hotel reservieren.«

»Wollen die nicht eine Kreditkarte?«

Tobias nickt und hält mir seine hin.

»Ich weiß nicht«, sage ich.

»Du kannst Französisch, und du musst lernen, das Geld anderer Leute auszugeben. Das tun alle in Deutschland, die es zu was bringen wollen. Nimm dir ein Beispiel an den Bankern und Managern. Die werden dafür auch noch reich belohnt.«

Warum ist er so gut gelaunt? Ich grinse absichtlich breit, obwohl ich plötzlich daran zweifle, dass Sahra noch in Nizza ist. Ich würde ungern auf Tobias' Kosten ein Hotel dort buchen und dann war alles umsonst.

»Was ist? Du guckst mich an, als würde dir gerade der Himmel auf den Kopf fallen«, sagt er und packt mich dabei mit beiden Händen fest an den Schultern. »Wir suchen sie. Los, Basil! Was zögerst du noch? Das hast du doch die ganze Zeit über gewollt.«

»Ich würde gerne bei Khalil anrufen, bevor wir fahren. Vielleicht hat er eine konkrete Adresse von ihr in Nizza.«

»Das ist doch der Junge, den du in Paris zurückgelassen hast.«

»Er wollte in Paris bleiben.«

»Warum hast du ihn nicht schon früher kontaktiert?«

»Weil ich Angst hatte, er würde mich womöglich hier besuchen kommen. Er ist aufbrausend. Ich hab dir doch erzählt, dass er den Wachmann auf der Fähre mit dem Stein erschlagen hat! Khalil ist zu allem fähig, wenn er wütend ist.« Ich zögere, ob ich ihn wirklich anrufen soll.

»Ach, ich lasse es lieber. Er weiß bestimmt nicht, wo sie ist. Sie hatte schließlich Angst vor ihm.«

»Du hast doch gesagt, dass du dich auf ihn verlassen kannst.«

Das stimmt. Auf der Flucht war er mein bester Freund. Bei einer Razzia vor einer Diskothek in Athen, an der wir abends zufällig vorbeikamen, stürmte ein Polizist auf uns zu. Und was machte Khalil? Er rief mir zu: »Lauf!«, und stellte sich selbst breitbeinig vor den Polizisten. So konnte ich entkommen. Zwei Tage hatte er daraufhin im Gefängnis der Polizeiwache verbringen müssen. Aber wenn er mich hier im Heim besuchen würde, so würde er womöglich mit Fesseha oder Yasin Streit anfangen und sich mit ihnen schlagen.

Tobias möchte unbedingt, dass ich ihn anrufe.

Als ich seine Nummer aus dem Adressbuch herauspicke, bremst mich Tobias. Er will das Profilfoto von Khalil auf meinem Handy sehen.

»Gut sieht er nicht aus«, sagt er.

Da hat er recht. Khalils »fliehendes Kinn«, meint Tobias, verleihe ihm etwas »Garstiges, Fieses, sogar ein bisschen Brutales«. Ich verstehe das Wort *garstig* nicht und *fliehendes Kinn* auch nicht. Aber ich habe keine Lust nachzufragen. Es reicht mir, dass er ihn hässlich und brutal aussehend findet.

»Never judge a book by its cover«, sage ich. Aber ich

gebe ihm recht. Khalil guckt immer ein wenig aggressiv und bestimmend und wirkt gleichzeitig wie ein in einem mächtigen Körper gefangenes böses Baby.

»Kann ich ihn jetzt anrufen?«

Tobias gibt mir mein Handy zurück.

Ich wähle. Khalil geht gleich ran.

Wir plaudern ein bisschen auf Arabisch. Seine Stimme ist sympathisch wie eine vertraute Melodie. Ich erzähle von Tobias und meiner Gruppe hier in Köln. Er will wissen, ob es irgendwas Besonderes in Köln gebe. Den Dom, sage ich. Er kennt den Dom nicht. Dann frage ich nach Sahra.

»Ja, klar weiß ich, wo sie ist«, sagt Khalil.

»Hast du ihre Adresse?«, hake ich nach.

»Das Leben in Paris ist teuer.«

»Was meinst du damit, Khalil?«

»Wenn du einen reichen Freund hast, dann möchte ich, dass er zahlt.«

»Wann habe ich gesagt, dass er reich ist? Er ist Journalist.«

»2000 Euro«, fordert Khalil. »So viel Geld wird er haben.«

Ich schaue Tobias an und sage ihm, dass Khalil 2000 Euro für die Information möchte.

»Spinnt der?«, sagt Tobias. »Der kriegt keinen Cent.«

»Er weiß, wo sie ist.«

»Er soll es dir sagen oder die Klappe halten.«

Ich sage auf Arabisch ins Telefon: »Tobias hat keine 2000 Euro.«

Khalil lacht am anderen Ende der Leitung und legt auf.

»Was ist?«, fragt mich Tobias. Der Tiger auf seiner Lederjacke sieht irgendwie zahmer aus als sonst.

»Er hat aufgelegt.«

»Glaubst du, er kennt wirklich ihre Adresse?«

Ich zucke mit den Schultern und rufe Khalil erneut an. »Warum hast du aufgelegt?«

»Du wirst sie niemals finden. Sie ist nicht in Nizza.«

»Ist sie bei dir in Paris?«

»Bring einfach das Geld. Habe ich dich je belogen?«

Nein, das hat er nicht, und bestimmt ist sie nach Paris gekommen. Schließlich hatte sie es mir versprochen. Aber ich bin nun hier. »Ich habe keine 2000 Euro«, sage ich.

»Nicht jeder hat es so gut getroffen wie du. Mir geht es schon schlecht, aber Sahra …« Er stockt.

Warum redet er nicht weiter?

»Was ist mit ihr? Bitte gib mir die Adresse.«

»Wenn du nach Südfrankreich fährst, kommst du ohnehin an Paris vorbei. Was hast du zu verlieren?«

»Aber …«

»Nichts aber. Du hast meine Nummer. Ruf mich an, wenn du in Paris bist, oder lass es bleiben.«

Dann legt er erneut auf.

Tobias schaut mich fragend an. Ich habe keine Antwort, zumindest keine gute. »Ich glaube, sie ist in Paris«, lüge ich. »Und Khalil weiß wo.«

»Dann müssen wir zu ihm.«

»Und die 2000 Euro?«

Tobias schweigt. Er lehnt sich an die Wand gleich neben der Weltkarte. In unserer Wohnung haben schon Menschen aus Syrien, dem Irak, Mali, dem Sudan, Pakistan, Eritrea, Äthiopien, Somalia und vielen anderen Ländern gelebt. Jeder, der hier lebt, hinterlässt auf der Weltkarte ein Herzchen, weil Nina es so möchte. Die ganze Welt ist voller Herzen, denn der ganze Globus ist auf der Flucht. Und jetzt sind wir Araber dran.

Tobias schaut mich schweigend an. Sind 2000 Euro viel Geld für ihn? Er ist arbeitslos, aber seine Frau ist Lehrerin.

»Ich gebe dir das Geld zurück, wenn ich eine Arbeit nach der Schule habe«, verspreche ich.

»Vergiss es. Ich hebe das Geld ab.«

Ich würde Tobias am liebsten wieder um den Hals fallen. Aber er will los, weg von Köln, wie er sagt. Irgendetwas Schlimmes muss zwischen ihm und Jessi passiert sein.

Wir fahren zur Sparkasse. Der Schnee ist überall in der Stadt grauem Matsch gewichen, denn die Temperatur ist wieder über null Grad gestiegen.

»Werden die in der Schule nichts sagen?«

Ich drücke mich fester in den Beifahrersitz. »Nein. Ab morgen sind doch Ferien.«

Tobias gibt *Paris* ins Navi ein. »Wohin wollen wir denn in Paris?«

»Gare de l'Est«, sage ich. »Wir treffen uns bestimmt dort mit Khalil. Ich habe wochenlang mit ihm in einem Park an dem Bahnhof gelebt.«

Wir biegen auf die Stadtautobahn von Köln, fahren an einem Flüchtlingslager vorbei. Früher war es das Straßenverkehrsamt, dann stand im Hof eine Zeltmoschee als Ersatz für die künftige Moschee, und jetzt sind dort Flüchtlinge untergebracht. Die Gebäude sind runtergekommen, kein Banker, kein Versicherungsangestellter würde jemals dort pinkeln gehen.

Tobias schweigt. Ich habe meine Daunenjacke hinten auf den Rücksitz geworfen, aber er trägt immer noch seine Lederjacke und den Rollkragenpullover darunter. Ob er ihn seit gestern nicht gewechselt hat? Der Stadttunnel liegt hinter uns, und die Straßen sind voll, weil es wieder schneit. Tobias ist genervt und schlägt mit der flachen Hand auf das Lenkrad. »Eine Schneeflocke reicht aus, um diese Stadt komplett lahmzulegen. Ich habe gehört, dass es in Finnland zurzeit minus 26 Grad sind, die Straßen vereist, überall Schnee, und trotzdem fließt der Verkehr. Irgendwie kriegen wir das hier nicht hin.«

Der Radiomoderator berichtet von Auffahrunfällen. Tobias fährt quer durch die Stadt, um dem Stau auf der Autobahn zu entkommen.

So kriechen wir durch die City.

Das Radio erzählt jetzt von einer Messerattacke in der Londoner U-Bahn, mehrere Leute seien lebensgefährlich verletzt.

»Die Attentäter werden immer unberechenbarer.«

»Das ist ihre Taktik«, sage ich. »Sie wollen uns terrorisieren. Wenn du nicht weißt, wann und wo du plötzlich angegriffen wirst, hast du immer Angst. Das ist ihre Methode.«

»Wir blöden Deutschen fallen auch noch darauf rein.«

Da kann ich ihm nur zustimmen. »Immerhin ist es hier friedlich, solange es Schulen gibt und die Jugendlichen nicht auf der Straße rumlungern.«

Nun stehen wir endgültig. Der Verkehr ist zum Erliegen gekommen und die Straße ist ein Meer von Bremslichtern.

Tobias schlägt erneut verzweifelt aufs Lenkrad. Schließlich biegt er über den Busstreifen rechts ab in eine Seitenstraße. Tatsächlich geht es jetzt voran. Wir überqueren den Rhein.

»Guck ihn dir an«, sagt Tobias und deutet links zum Dom. »1965 haben die Kölner den Muslimen ihren Dom fürs Gebet freigegeben.«

Das glaube ich nicht.

»Doch. Damals waren die ersten Türken in Deutschland. Die sind nach Köln gekommen, weil hier Ford war. Die Amerikaner haben in Anatolien ihre Raketen gegen die Russen aufstellen dürfen und die Deutschen haben dafür die Arbeitslosen aus der Türkei aufgenommen.«

Ich schaue ungläubig. Und als sähe er meinen Blick, fährt Tobias fort: »Damals hat die Türkei ein Anwerbeabkommen mit der Bundesrepublik Deutschland geschlossen. Unser Innenminister hat es zuerst abgelehnt, angeblich sei die kulturelle Kluft zwischen der türkischen und der deutschen Bevölkerung zu groß. Aber dann ...«

»Ich habe gedacht, die Deutschen hätten die Türken geholt, weil sie Arbeitskräfte brauchten.«

»Sicherlich auch. Ich weiß nicht, was letztendlich der Auslöser war. Bestimmt ein Mix aus allem. Die türkische Regierung war jedenfalls daran interessiert, ihre Arbeitslosen nach Deutschland zu bringen. Schließlich haben die Männer Devisen zurück in die Heimat geschickt. Übrigens: Den Deal zwischen Ankara und Washington haben sie sowohl der türkischen als auch der deutschen Bevölkerung verschwiegen. Die Leute werden immer für blöd verkauft.«

Das klingt mir zu sehr nach Verschwörung. Und ich weiß nicht, was genau er mir damit sagen will.

»Jedenfalls haben die Katholiken sie im Dom beten lassen.«

»Das glaub ich nicht«, wiederhole ich.

»Hey, die Katholiken sind gar nicht so schlimm«, sagt Tobias und fügt ironisch hinzu: »Aber du bist ja Baptist.«

Ich trage dieses Kreuz unter meinem Sweater und ich mag die Baptisten. Es sind gute Menschen. Schließlich haben sie mir in Athen zu essen und zu trinken gegeben. Und sie lassen sich erst taufen, wenn sie alt genug sind, es selbst entscheiden zu können. Das finde ich eine vernünftige Religion. Anders als im Islam oder bei den Katholiken. Warum sollte ein Mensch sich für eine Religion entscheiden, wenn er noch gar nichts darüber weiß? Ich habe viel von den Baptisten gelernt, Ruhe und Aufmerksamkeit. Sie haben mir eine Menge über das Christentum beigebracht, über die Auferstehung, über Ostern und … Plötzlich blitzt es! Ich bin geblendet.

»Verfluchte Scheiße!«, schreit Tobias. »Der Blitzer ist neu. Das wird teuer.«

Wir befinden uns mitten auf der Brücke, und ich verstehe nicht, worüber er sich aufregt.

»Dreh dich mal um«, sagt er. Ich sehe auf der anderen Seite den Rhein, der mit seinen Spitzen dunkel in den Himmel ragt. Der Rhein ist ebenfalls dunkel und kalt wie Eisen.

»Ich meine den Kasten am Straßenrand. Das ist eine Radaranlage. Ein Blitzer. Ich bin siebzig gefahren, obwohl hier nur fünfzig erlaubt ist.«

Wir biegen auf die Autobahn und schweigen, denn Tobias ärgert sich noch immer. Ich weiß nicht, wie teuer so etwas ist, aber ich will nicht nachfragen.

Hinter Bonn sage ich: »Weißt du, warum so viele Deutsche Angst vor den Flüchtlingen haben?«

Er schaut mich verdutzt an. »Was meinst du damit?«

»Wir Flüchtlinge führen ihnen die Zerbrechlichkeit des Lebens vor Augen.«

»Was meinst du damit?«

»Na, wir sind ein lebendes Symbol dafür, was auf der Welt schiefläuft. Schließlich hatte jeder von uns mal ein intaktes Leben. Das ist jetzt kaputt, sonst wäre keiner von uns hier. Und das erinnert die Menschen hier daran, wie schnell auch bei ihnen alles kaputtgehen kann. Ich glaube, das ist für einige Menschen in Europa unerträglich.«

»Ich glaube eher, dass einige Idioten Angst vor Überfremdung haben.«

Tobias erhält eine Nachricht.

»Von Jessi?«, frage ich.

»Wenn die den Strafzettel bekommt, flippt sie völlig aus.«

Ich weiß wieder nicht genau, was er damit meint, aber ich nicke.

Wir biegen auf den Autobahnzubringer. Tobias liest ihre Nachricht, hält mit einer Hand das Lenkrad, liest die Nachricht mehrmals, obwohl sie kurz ist. Dann tippt er etwas.

»Alles in Ordnung?«, frage ich.

Er schüttelt den Kopf und legt das Handy wieder in die Mittelkonsole.

»Wir haben uns die ganze Nacht über gestritten. Sie will, dass ich Zeta von der Kita abhole und mich auch sonst um sie kümmere …«

Wir befinden uns in der Nähe von Brüssel, auf halber Strecke nach Paris.

Der Verkehr stockt. Wieder stehen wir. Um uns herum sieht es aus wie auf einem Parkplatz: Auto an Auto an Auto an Auto. Es hat kein Ende.

»Fehlen nur noch die Politessen, die uns Geld fürs Parken abnehmen«, schimpft Tobias. »Wenn ich das gewusst hätte, wäre ich heute früh erst gar nicht mit dir losgefahren. Nur Mist heute, echt.« Er klingt verzweifelt.

Ich sage: »Hier sollen einige der Terroristen von Paris untergekrochen sein.«

»Das war in Verviers. Da sind wir vor einer Stunde dran vorbeigefahren. Gleich bei Lüttich. Ich sage dir, die Belgier hätten die radikalen muslimischen Internate auflösen sollen. Was glaubst du, wie viele Kinder in Belgien ins muslimische Internat geschickt werden? Eine Freundin von Jessi ist in Bonn Lehrerin. Sie hat sich für eine ihrer Schülerinnen eingesetzt. Das Mädchen wollte Zahnarzthelferin werden, aber die Eltern wollten sie auf so ein Internat in Belgien schicken. Was glaubst du, wer am Ende gewonnen hat?«

Ich rate: »Die Eltern?«

»Richtig. Unterstützt wird dieser ganze radikale Mist von den Saudis. Ohne deren Geld wären die Salafisten nichts. Die wollten sogar zweihundert Moscheen in Deutschland bauen, aber Flüchtlinge wollen sie nicht aufnehmen. Das ist ein Schweineregime in Saudi-Arabien.«

Ich folge den Scheibenwischern mit den Augen. Sie bekommen die Wassermassen nur schwer gebändigt. Tobias ist aggressiv. Die Wischblätter senken und heben, senken und heben sich. Die Gläubigen knien und beten. Auf und nieder. Du musst täglich fünf Mal beten, neige dich Richtung Mekka. Du sollst regelmäßig den Gottesdienst besuchen. Hin und her bewegen sich die

Scheibenwischer. Der Regen trommelt auf das Dach, die Straße ist ein Fluss. Die Herzen trommeln. Glaube ist Gewohnheit. Krieg ist Gewohnheit. Regelmäßig. Fünf Mal am Tag, freitags zur Moschee, sonntags in die Kirche. Täglich dein Gottesdienst, deine Gebete, Gott bestimmt deinen Tag, die Imame und Pfarrer lehren dich, immer das Gleiche zu tun. Rosenkranz, Misbaha, Gebetskette, 99 Perlen, 99 Namen Allahs, 33 Subhan-Allah, 33 Alhamdulillah, 33 Allahu-Akbar, preiset seine Werke, sein Tun, seine Großartigkeit und seine Gerechtigkeit, das Vaterunser, Ave Maria, Ehre sei dem Vater, unendlich der Ring, der die Religionen verbindet. Tag für Tag, Gebet für Gebet, Perle für Perle brennt sich Gott in deinen Verstand. Rituale. Der Wagen vor uns ist kaum zu erkennen, die Scheiben sind beschlagen. Der Glaube vernebelt die Sinne. Ich glaube nicht einmal, dass die IS-Kämpfer gläubig sind. Sie beten und töten, aber sie glauben nicht. Sie suchen nach etwas, aber es hat nichts mit Gott zu tun. Sie fürchten sich davor aufzuwachen. Wenn du als Märtyrer stirbst, so stirbst du nicht, sondern gehst vom Leben in den Himmel, kein Tod ist dazwischen, kein Selbstmord, kein Hand-an-sich-Legen. 99 Perlen, den Schöpfer zu ehren, Perlen für die Mutter Gottes und ihren heiligen Sohn.

»Weil diese ganzen Fanatiker bescheuert sind.« Tobias' Stimme dringt wieder in mein Bewusstsein.

Die Scheibenwischer werden langsamer, der Regen lässt nach. Der Fluss ebbt ab.

Ich höre Tobias sagen: »Ich hatte einen Nachbarn, der hat eine türkische Frau geheiratet. Und weil der türkische Schwiegervater wollte, dass sein Enkel einen islamischen Namen kriegt, heißt ihr Sohn heute Murat. Wie bescheuert muss einer sein, sein Kind Murat zu nennen? Wie kann er sein Kind nur so stigmatisieren? Will er nicht integriert …«

»Sei bitte still«, sage ich.

Aber Tobias schweigt nicht, er ignoriert meine Bitte und fragt mich: »Wieso hat Sahra eigentlich Angst vor Khalil?«

Ob er meine Bitte nicht gehört hat? Ich weiß es nicht. Vermutlich ist er so in seinem Reden gefangen wie ich in meinen Gedanken. Ich bleibe freundlich und sage: »Weil Sahra kein Kopftuch anziehen wollte.«

»Was hat denn Khalil damit zu schaffen, ob sie ein Kopftuch trägt oder nicht?«

Dann fragt er mich noch, ob ich ein Stück Snickers haben möchte. Ich nicke. Er nimmt den Schokoriegel aus der Mittelkonsole und reißt ihn in zwei Teile. Die Autobahn ist sechsspurig, auf allen sechs Spuren staut sich der Verkehr. Tobias dreht die Lüftung auf die höchste Stufe. Links sehen wir durch die beschlagene Scheibe die Ausläufer von Brüssel, rechts die eintönige Landschaft Belgiens: graue Felder, graue Bäume, graue Leitplanken und graue Straßen.

»Gut, dass du kein Muslim bist«, sagt er und grinst breit.

»Sehr witzig«, sage ich. »Ich bin nichts. Genau wie du.«

»Doch, du bist verliebt. Damit hast du mir schon was voraus.«

Ich finde es nicht witzig, aber er lacht, als säßen wir in einem Kino und würden die Welt von unserem Sitzplatz aus betrachten. Als seien die Wahhabiten und Salafisten weit weg hinter diesen Scheibenwischern, als seien die Christen Lämmer und Pegida eine Herde verirrter Schafe, als sei die Welt in Ordnung. Tobias handelt nicht, er beobachtet, ein Reporter, der nicht von den Kugeln getroffen werden kann, weil er über den Krieg schreibt und nicht dabei ist. Ich sage: »Kämpft gegen diejenigen, die nicht an Gott und den jüngsten Tag glauben.«

»Ist das aus dem Koran?«

»Sure 9, Vers 29.«

»Und warum hast du das gesagt?«

»Weil ich glaube, dass ihr Deutschen total naiv seid.«

»Sonst wärst du wohl nicht hier. In der Bibel stehen übrigens auch einige Dinge, die ich nicht unterschreiben würde.«

»Aber ihr habt bislang nicht so viele Yasins in Deutschland gehabt, die den Koran wörtlich nehmen.«

»Du kannst den Koran halt wörtlich oder ernst nehmen. Glaube beruht ja gerade auf Glauben und Hörensagen. Das kann nur schiefgehen in einer Welt, in der wir an das Wissen glauben. Aber was schlägst du vor? Sollen wir die Flüchtlinge nicht mehr nach Deutschland einreisen lassen, weil ein paar Yasins darunter sind? Und was würden diese Fanatiker wie Yasin in Syrien anrichten? Hier haben wir sie zumindest unter Kontrolle … Kannst du mir mal ein Wasser geben?«

Ich drehe mich um. Auf dem Rücksitz liegt ein Sechserpack Lidl-Wasser. Und auf dem Boden hinter meinem Sitz ist Klaus in seinem Glas ganz still. Vermutlich friert er. Aber ich konnte ihn nicht im Heim zurücklassen. Die anderen hätten sich nicht um ihn gekümmert.

»Darf ich mir auch eine Flasche nehmen?«

»Was für eine blöde Frage«, erwidert Tobias. »Was mein ist, ist auch dein. Vor allem, wenn es nur ein paar Cents kostet.« Er schraubt die Flasche auf und trinkt den halben Liter in einem Zug. Tobias müsste eigentlich schwitzen in seiner Lederjacke, aber er schwitzt nicht. Ich nippe nur an der Flasche, um den süßlichen Snickersgeschmack wegzubekommen. Eigentlich versuche ich, gar keine Süßigkeiten mehr zu essen und auch nichts Fettiges, jetzt wo ich mit dem Hanteltraining begonnen habe. Nina möchte nicht, dass ich mit dem Kickboxen anfange. Sie will nicht, dass wir uns aufs Kämpfen vorbereiten. Das sei keine gute Haltung als Mensch. Aber ich werde es trotzdem tun. In dieser Welt muss man sich verteidigen können. Was nutzt es dir, wenn du die richtigen Worte wählst, dich aber nicht mit den Fäusten wehren kannst?

Der Verkehr setzt sich wieder in Bewegung. Die Bremslichter sind aus. Es geht vorwärts, als habe jemand ein Zeichen gegeben. Gab es keinen Grund für den Stau? Vielleicht lösen sich die Probleme wirklich auf, wenn sich alle einig sind und in eine Richtung fahren wollen.

Tobias telefoniert. In der Linken das Steuer, in der Rechten das Handy.

Er ist kein cooler Typ und im Moment extrem aufgewühlt von dem Gespräch. Obwohl ich eigentlich nicht sehr ängstlich bin, macht mich dieses Handytelefonat von Tobias mit Jessi nervös. Schon zwei Mal hat er das Lenkrad vor lauter Aufregung verzogen.

Seine Frau will wissen, wo er ist.

»Warum interessiert dich das? Das siehst du auf der nächsten Handyrechnung ... Wieso sollte ich nicht mit Basil nach Frankreich fahren? ... Das ist das Sinnvollste, was ich tun kann. Er ist zumindest verliebt. ... Es ist das einzig Sinnvolle, das ich überhaupt tun kann! Wie geht es denn nun Zeta? Du kannst mich nicht ganz von ihr abschneiden … Ich bin nicht abgehauen. Ich nicht. Ich gehe dir nur aus dem Weg, denn ich möchte nicht, dass unsere Tochter ihre Eltern so sieht … Streiten kann nicht gut sein für sie … Ach, und du hast keine Schuld daran?«

Sein Gesicht ist rot vor Aufregung. Er hat sich ein kleines weißes Pflaster über den Zeigefinger geklebt, sodass die Wunde darunter nicht mehr zu sehen ist. Wir fahren 155 Stundenkilometer. Ich glaube, in Frankreich beträgt die Höchstgeschwindigkeit 130 Stundenkilometer. Das sagt jedenfalls das Navi. Die Autobahn glänzt wie eine feuchte ausgerollte Lakritzschnecke. Ich schaue mir Fotos von Sahra auf dem Handy an. Ich mag es nicht, wenn Eltern sich streiten. Meine Eltern haben sich nie gestritten. Vielleicht, weil ich ihr einziger Sohn war. Wäre ich ein Mädchen gewesen, so hätte sich mein Vater eine neue Frau gesucht. Er wollte unbedingt einen Stammhalter. Ein Sohn ist wichtig, weil er den Namen weitergibt. Mein Vater hat mir gezeigt, wie das Leben läuft, hat mir in Mathematik geholfen, es sogar in Englisch versucht. Ich wäre nie so gut in der Schule gewesen, wenn mein Vater nicht gewesen wäre. Er wollte, dass ich studiere, ein Lehrer des Geistes werde, kein Imam. Bis heute ist er immer hier bei mir, wenn ich abends Deutschvokabeln lerne. Ich werde ihn nicht enttäuschen, egal, was passiert und wo ich bin.

Tobias besteht darauf, mit Zeta zu sprechen. Anscheinend ist ihr Kind nicht in der Kita; anscheinend gibt ihm Jessi gerade die Schuld daran, dass die Familie die ganze Nacht nicht schlafen konnte, dass alle müde sind, dass seine Tochter nervt und quengelt. Ich mag das Wort quengeln. Tobias hat es oft benutzt, als er vor einigen Wochen täglich auf die Kleine aufpassen musste, weil Zeta Angst hatte in den Kindergarten zu gehen.

»Es ist mir scheißegal, ob du müde bist. Du und deine Scheißschule! Jetzt siehst du mal, wie anstrengend unsere Tochter ist«, schreit er. »Du verkrümelst dich jeden Tag in den Unterricht und hast sooo viel um die Ohren. Ach, die ganzen Klausuren deiner Schüler, die ganzen Korrekturen. Jetzt siehst du mal, wie schwer es ist, sein eigenes Kind zu erziehen und nicht irgendwelche Kinder von anderen Leuten! Wenn ich nicht arbeitslos wäre, bekämst du das alles überhaupt nicht mehr in den Griff!«

Als ob die Erziehung allein die Aufgabe der Mutter sei. So redet Tobias. Er ist ungerecht. Mit dem Handy am Ohr fährt er 146 Stundenkilometer und überholt einhändig eine Kolonne Militärfahrzeuge, die das Wasser von der Straße aufwirbelt. Die Franzosen rüsten auf. Sie beschießen mein Land und versuchen ihr eigenes sauber zu halten. Ein paar Franzosen und Belgier haben in Paris Franzosen und andere Europäer ermordet und deshalb fliegen sie nun Luftangriffe gegen Syrien. In Köln sind die Bäume zu kleinen Würfeln beschnitten. Die Europäer versuchen alles zu ordnen, sie haben die Grenzen auf der Welt gezogen, in Syrien, im Irak und in Afrika. Sie machen alles, wie es ihnen passt. Früher mussten alle Menschen auf der Welt Christen werden, heute müssen alle Menschen Demokraten sein. Und Tobias schreit das Handy an, weil er sich darüber streitet, ob Zeta frühkindliche Musikerziehung in einer katholischen Einrichtung machen darf?

Ich schaue auf mein Handy, während Tobias weiter Gas gibt, durchblättere die Fotos zurück bis nach Athen und stoße auf ein Bild von Sahra, wie sie vor dem Kessel mit Suppe sitzt. Khalil hatte damals das Feuer darunter entzündet. Die Nächte in Athen waren empfindlich kalt. Bevor ich Khalil und Sahra kennenlernte, schlief ich in einem Park in Athen. Das war kurz nach meiner Überfahrt von der Türkei nach Griechenland. Der Karton, auf dem ich die Nächte verbrachte, bestand aus zwei Lagen: glatte Pappe, gewellte Pappe, glatte Pappe und wieder gewellte und wieder glatte Pappe. Dick genug, um mich von der Erde zu trennen. Ich hätte einen Schlafsack gebraucht, um nachts nicht zu frieren. Aber ich besaß keinen. Ich träumte damals jede Nacht den gleichen Traum, dass Sterne wie Nadeln auf mich niederprasselten und hell in meine Haut drangen.

Als ich eines Morgens erwachte, blickte ich in ein hageres Gesicht. Ein Mann stand über mir. Meine Augen waren noch müde, verklebt vom Schlaf. Er trug ein helles Shirt ohne jeden Aufdruck, schaute freundlich und fragte mich in amerikanischem Englisch: »Möchtest du uns besuchen kommen? Du bist herzlich eingeladen. Vielleicht möchtest du ja bei uns etwas essen.«

Ich mag es nicht, geweckt zu werden, aber ich riss mich zusammen und lächelte ihn gegen die Sonne an. Es war 9:48 Uhr am Morgen.

»Wo soll ich hinkommen?«, fragte ich und stützte mich auf die Ellbogen.

Er streckte mir sein Kärtchen entgegen. Darauf stand *Baptist Church* und eine Adresse. Sein Name war nicht auf der Karte, es war überhaupt kein Name darauf, nur ein Fisch und ein Kreuz darüber. Ich rieb mir die Augen. Der Mann war plötzlich weg, wie vom Erdboden verschluckt. Hätte ich nicht die Karte in der Hand gehalten, so hätte ich geglaubt, es sei ein Geist gewesen.

Ich fotografierte die Karte, stand auf und reckte mich; meine Beine waren noch schwer von der Nacht. Damals trug ich die Haare kurz wie meine Fingernägel. Nicht weit von mir, hinter den Büschen, wand sich eine

Schlange Touristen den Weg zur Akropolis hinauf und eine andere hinunter. Die Polizisten ließen mich hier schlafen. Nur ab und an pinkelte ein Tourist in meinen Busch. Egal, wann man tagsüber hinüber zum Weg schaute, es gab immer Touristen. Sie kommen und gehen an der Akropolis wie Ebbe und Flut, Vollmond und Neumond, Tod und Geburt. Alles gehört zusammen, obwohl es immer auf der entgegengesetzten Seite vom Leben liegt. Nord- und Südpol. Kälte und Hitze, Himmel und Hölle. Jedenfalls war der Mann fort, vielleicht einfach hinter dem nächsten Strauch oder schon wieder eingereiht in die Schlange, auf dem Weg nach unten, nach oben oder zurück zu seiner Kirche.

Mein Handy sagte mir, dass die baptistische Gemeinde nicht weit weg von hier sein konnte. Ich rollte die Pappe zusammen und verstaute sie im Strauch, wo auch meine Klamotten lagen. Keiner fasst in diesen Dornenbusch. Das ist mein Stacheldraht, mein Teil der Stadt, den mir niemand streitig macht. Bis zu diesem Tag war ich ein Muslim. Bis zu diesem Tag kannte ich Sahra nicht. Bis zu diesem Tag hatte ich mich immer alleine gefühlt, seit ich meine Heimatstadt Homs verlassen hatte.

Ich ging den Berg hinunter. Die Touristen strömten mir entgegen. Sie wollten vor der mittäglichen Hitze oben sein.

Ich schaute auf meine Finger. Sie waren schmutzig

und ich hatte mir seit Tagen nicht mehr die Zähne geputzt. Ich fragte mich, ob ich vielleicht schon stank.

»Hey, Basil!«

Es war Henry, der mich begrüßte. Seine Haut war schwarz und sein Kopf rund, die Wangenknochen breit, der Mund breit, er trug immer einen silbernen Hut. Das war sein Markenzeichen. Er kam aus dem Kongo und hatte *Engineering and Technology* in Kinshasa studiert. Seine Eltern waren getötet worden und ihn hatten sie ebenfalls töten wollen. Eigentlich mochte Henry keine Araber, denn die Araber hätten die Schwarzafrikaner immer als Sklaven gehalten, hatte er mir erzählt. Er würde jedenfalls kein Wort Arabisch lernen, eher würde er sich die Zunge herausreißen. Henry war bitter, sehr schwarz und bitter. Henrys Eltern waren Ärzte, und er verkaufte mit den anderen abends, wenn der Himmel die Farbe seiner Haut hatte, leuchtenden Plastikkram am Wegesrand. Ich klatschte ihn ab.

»Wie geht's? Wohin willst du?«

»Nach unten«, sagte ich und meinte damit die City.

Er aber sagte: »Immer nur nach unten. Du solltest mal in die andere Richtung laufen – nach oben!«

Ich ging lachend weiter, seine Freunde lachten auch.

Henry und ich lachten über seinen Witz und über unser Schicksal, seine Freunde lachten mich aus. Sie waren dumm und mochten es, wenn andere Leute fertiggemacht wurden. Dumme Menschen lachen oft. Sie lieben den Schmerz der anderen. Henry hatte mir gesagt, dass die Europäer glauben, die Akropolis, das Kapitol in Rom und Golgota seien die drei Hügel, auf die Europa sich gründet. Mein Onkel Amer hatte mal in der Nähe von Golgota gewohnt, in Bethanien, eine Viertelstunde Busfahrt von Jerusalem entfernt. Heute trennt eine Mauer die Palästinenser von Jerusalem. Ich war nie in Israel, nie in Jerusalem. Ich würde gerne einmal hinfahren. Schließlich liegt dort die Geschichte so dicht beieinander wie die Welpen an der Brust der Mutter.

Ich war kein Tourist und trotzdem ein Tropfen im Strom, der hinunter in die City floss. Das Handy führte mich in eine Seitenstraße. *Baptistische Gemeinde*. Ein Fisch, ein Kreuz, weiße Hemden. Ein Mann kam auf mich zu. War das der Mann von eben? Ich konnte mir noch nie Gesichter merken. Groß genug war er. Die Tage in Athen zerstörten ohnehin langsam meine Aufmerksamkeit. Ich hatte aufgegeben. Seit Wochen vegetierte ich hier vor mich hin, bettelte oder verkaufte für Henry irgendwelchen Kram. Dabei wollte ich doch nach Stuttgart zu meinem Onkel Amer. Der hatte mich eingeladen, wollte mich bei sich aufnehmen, damit ich in Deutschland ein besseres Leben anfangen konnte. Ich musste kurz an meine Mutter denken. Sie hatte das Geld für mich zusammengebracht und nun hing ich hier in Athen fest und würde nie nach Stuttgart kommen.

»Schön, dass du gekommen bist!«, begrüßte mich der Baptist.

»Ich bin Christ«, sagte ich.

»Das ist schön«, sagte er. »Gott ist mit uns allen. Egal, ob du ihn Allah oder Gott nennst. Wusstest du, dass die Christen früher Gott auch Allah nannten?«

Das wusste ich nicht.

Er sagte: »Wir haben auch Muslime hier. Gott ist mit ihnen, mit dir, mit mir. Gott ist mit dem Leben. Allah ist mit dem Leben. Und du musst mich nicht belügen.«

»Ich bin wirklich Christ«, log ich weiter wie ein kleines Kind. Es ist besser, bei seiner Lüge zu bleiben, denn niemand will die Wahrheit wissen, selbst wenn er es behauptet. So hatte ich es als Kind gelernt.

»Ich bin Mark«, sagte er.

»Ich habe Durst«, sagte ich und musste zu ihm aufsehen. Er war fast einen Kopf größer als ich und schmal wie ein Skorpion. Ich schätzte ihn auf 2,10 Meter. Er fasste mich an der Schulter. Ich mochte es nicht, angefasst zu werden. Das ist bis heute so. Ich war damals schon zu lange unterwegs, wollte keine Nähe, keinen Menschen verlieren, nicht an ihn denken müssen, nicht an meine Mutter, meinen Vater. Wenn du einen Menschen nicht an dich heranlässt, so musst du nicht um ihn trauern, wenn er von dir fortgeht.

»Komm mit«, lud Mark mich ein und zog sein Käppi mit der Aufschrift *Jesus loves you!* ab. Ich folgte ihm in ein Haus, in dem Wasserkisten und Kartons mit Konserven lagerten. Tante Fatima hatte mir erzählt, dass es in Bethlehem eine evangelische Nonne gegeben hat, die jeden Tropfen Wasser in ihrem Haus sammelte. Sie hatte niemals die Toilettenspülung genutzt, um ihre Exkremente abzuspülen, sondern nahm dazu stets das Wasser, das sie zuvor zum Spülen und Putzen gebraucht hatte. Oder Wasser, mit dem sie sich selbst gereinigt hatte. Sie besaß ein System von Wannen und Eimern, in denen sie das Wasser vorsortierte, überall war Wasser in ihrem Haus, sortiert nach dem Grad der Verschmutzung. Wasser ist zu wertvoll für das Leben. Mark drückte mir eine Flasche Wasser in die Hand, und als wir wieder nach draußen gingen, kam uns ein Mädchen entgegen. Sie schien gerade auf dem Weg zur Kirche.

»Das ist Sahra«, sagte Mark.

Ich traute mich kaum, ihr in die Augen zu sehen. Sie waren schwarz, und damit meine ich wirklich schwarz. Sie waren so dunkel, dass man darin sein ganzes Herz versenken konnte, ein tiefer Brunnen, in dem das Wasser klar und ewig war wie die Quelle des Lebens: Du hältst deine Hand hinein und bist erstaunt, wie klar und frisch ihr Lächeln ist. Sie hatte eine kurze spitze Nase und einen breiten Mund mit roten, vollen Lippen.

»Wie heißt du eigentlich?«, fragte mich Mark.

»Basil«, antwortete ich.

»Das ist ein schöner Name«, sagte Sahra. Ihr Haar war glatt und glänzend. Woher kam sie? Wir redeten englisch, aber ich wollte wissen, wie wohl ihr Arabisch klingen würde. Wir waren während unseres kurzen Gesprächs bis vor das Gotteshaus gegangen und sahen uns an wie zwei Fische, die sich zufällig im Ozean getroffen hatten und sofort wussten: Dies kann kein Zufall sein! Sie trug ihre Haare offen, sie reichten hinab bis zu den Schulterblättern.

»Wolltest du gerade zur Kirche?«, fragte Mark sie.

»Warum fragst du?«, entgegnete Sahra.

»Weil ich dich bitten möchte, Basil unsere Kantine zu zeigen.«

Sahra nickte, und Mark ging alleine in die schlichte weiße Kirche, deren Glocke über dem Giebel nicht schwer sein konnte, sonst würde die Kirche vermutlich nach vorne kippen, so leicht schien das hölzerne Gebäude.

Ich kam mir schäbig vor in meinem abgerissenen Hemd, der schmutzigen Jeans und den löchrigen Turnschuhen. Was war nur mit mir passiert? Ich hatte fast vergessen, dass ich ein Mensch war, ein Syrer, der immer ordentlich gekleidet gewesen war, jeden Tag die

Schule besucht hatte. Ich machte eine Faust, als sie auf meine Hand schaute. Sie sollte meine schmutzigen Fingernägel nicht sehen. Wir gingen zu einem Haus, das genauso weiß gestrichen war wie alle übrigen.

»Du bist neu hier«, stellte sie fest.

»Ja.« Ich schaute ihr nicht in die Augen, sondern auf das kleine Muttermal auf ihrer rechten Wange, gleich neben dem Grübchen. Das Mal machte sie noch schöner.

Sie fragte: »Woher kommst du?«

»Homs.«

»Eine große Stadt«, sagte sie.

Und ich dachte, dass sie mich nun nach dem Viertel fragen würde, in dem ich gelebt hatte. Doch stattdessen sagte sie: »Wo sind deine Eltern?«

»Tot.«

»Auf der Flucht gestorben?«

»Nein, in Homs.«

»Und deshalb bist du alleine unterwegs?«

Ich fragte sie nicht, was mit ihren Eltern war. Denn ich konnte nichts sagen, die Worte kamen nicht über meine Lippen. Sie steckten fest in meinem Herzen. Ihr Arabisch war so sanft, keine Spur der Bitterkeit, die unsere Sprache in sich tragen kann, wenn sie nicht im Takt der Suren angesungen wird.

»Kann ich mir irgendwo die Hände waschen?«, fragte ich.

»Später. Wir haben hier Duschen.«

Wir gingen auf ein Haus mit einer Flügeltür zu, die halb offen stand. Darin befand sich ein großer Raum mit Tischen und Stühlen. Es war ein Esssaal. Ein sehr hellhäutiger Mann stand breitbeinig am Herd und schrubbte die Kochplatten. Er war schmal und hatte einen spitzen Bauch wie eine schwangere Frau. Darüber trug er eine Schürze, die bis zu den Schuhen reichte.

»Was möchtest du, Sahra?«

»Mark hat uns geschickt.«

Sein Blick schweifte zu mir: »Ihr habt immer Hunger.«

Mit »ihr« meinte er mich. Hatte er häufiger Menschen wie mich hier? Was war ich überhaupt für ein Mensch für ihn? Er streifte sich die giftig aussehenden dunkelblauen Putzhandschuhe ab und warf sie in den Müll. Dann nahm er einen großen Teller und schaufelte mir aus silbernen Behältern Fleisch, Reis und Gemüse darauf.

»Setz dich.« Er blickte auf das Besteck in den Kästen am Rand der Theke, dann wieder auf mich. Verkrampft hielt ich den Teller in der Hand und griff unsicher nach Messer und Gabel. Ich wusste nicht, ob das Fleisch auf meinem Teller vom Schwein war. Ich esse kein Schwein. Es belastet meine Gedanken. Ich kann davon nachts nicht schlafen, träume unruhig. Bis heute geht es mir so. Ich bin nicht gläubig, aber das Schwein ist ein unreines Tier, das alles frisst und sich im Dreck wälzt. Doch ich hatte Hunger. Seit ich in Athen war, hatte ich Hunger. Es war eine Last. Manchmal lag ich auf meiner Pappe und konnte vor Hunger nicht einschlafen. Ich hätte die Sterne essen können. Wenn ich hungrig war, hörte ich auf meinem Handy Musik von meinem Vater. Er hatte einen Freund gehabt, der Musiker war. Wir waren einmal bei ihm im Studio gewesen und Papa hatte die Oud gespielt. Er konnte es mit der Rischa so schnell, dass die Töne verschwammen, zu einem Fluss wurden, in den ich hinabstieg und trotz des leeren Magens einschlafen konnte. Das Studio ist jetzt zerstört wie alles, was in meinem Kopf noch ganz ist. Ich wünsche mir, dass die Erinnerung die Wahrheit ist. Wie die Lieder auf meinem Handy, die immer noch klingen.

»Jetzt setz dich schon!«, forderte mich der Koch erneut auf. Er kam hinter seiner Theke hervor, zog einen Stuhl von einem der Tische weg und deutete auf den Platz. Ich setzte mich und der Koch lachte. Er lachte mich aus, aber Sahra lächelte. Nur der Teufel lacht, Engel schmunzeln. Das haben mir später die Baptisten erklärt. Ich glaube, Sahra mochte mich damals schon, vom ersten Augenblick an. Sie setzte sich nicht zu mir an den Tisch, sondern ging wieder hinaus in die Sonne. Nur die Flügeltür und drei kleine Fenster beleuchteten den Raum, in dem es angenehm kühl war. Alles Licht beleuchtete nun Sahra, wie sie durch die Tür verschwand.

»Sie ist hot«, sagte der Koch, während er neue blaue Handschuhe aus einer Pappschachtel zog und sie sich überstreifte.

Ich traute mich nicht, etwas zu sagen.

»Na ja, du musst erst mal was Ordentliches essen.« Er wandte sich von mir ab und seinem Herd zu. Was ist das für ein Christ?, fragte ich mich. Hat er gar nichts mit den anderen hier zu tun? Ist er nur angestellt und ein Dummkopf, der den Frauen hinterherschaut und respektlos über sie redet?

Ich starrte auf mein Essen, aß stumm wie ein Fisch und dachte daran, dass ich mir nicht die Hände gewaschen hatte.

»Sie wartet auf dich in dem Haus mit dem Fisch«, sagte der Koch. Dabei sah er mich nicht an, sondern putzte und putzte, als wolle er jetzt Löcher ins Blech der Spüle reiben. »Iss erst mal in Ruhe. Ich hoffe, ich störe dich nicht.« Sein Englisch war breit und er sprach ein bisschen undeutlich. War er Amerikaner? Oder Engländer? Er fragte: »Verstehst du mich überhaupt, Junge?«

Ich antwortete nicht. Vielleicht konnte ich ihn auf diese Weise davon überzeugen, dass ich ihn nicht verstand und er endlich seinen Mund halten sollte. Ich wollte nicht reden und schon gar nicht über Sahra.

Nach dem Essen bedankte ich mich mit einem »Thank you!« bei ihm.

Tatsächlich war an der Tür des Holzhauses nebenan ein Fisch zu sehen. Alles hier sah neu und strahlend weiß aus wie die Wäsche, die meine Mutter früher von der Leine genommen hatte. Ich hatte überhaupt nicht gewusst, dass es so ordentliche Holzhäuser in Athen gab. Sahra hatte für mich in dem Haus Kleidung herausgesucht. Jeans, Schuhe, ein Shirt mit Darth-Vader-Kopf, alles sah wie neu aus. Sie drückte mir noch ein Handtuch in den Arm. Es war flauschig.

»Hoffentlich passen dir die Sachen.«

Sie zeigte auf einen Vorhang, hinter dem ich auf eine Tür stieß.

»Geh hindurch!«, rief sie, als habe sie meine Gedanken lesen können.

Hinter der Tür befand sich eine Dusche. Über mir war nur Himmel und um mich herum waren Holzwände. Ich zog mich aus und freute mich auf das, was nun kommen sollte: Wasser und Seife! Die Dusche war angenehm kühl. Die Sonne brannte auf mich herunter und mit ihr spülte das Wasser den Schmutz von meinem Körper, die Erinnerung, das Gestern.

Es ist ein gutes Gefühl, wenn der Schmutz abfließt.

So ähnlich muss es sein, wenn man geboren wird.

Die Sachen passten mir und ich kehrte zurück ins Haus.

Sahra war weg.

Als ich vorne aus dem Haus lief, traf ich sogleich auf Mark, der mir versicherte, dass ich jederzeit gerne wiederkommen könne. Es gebe hier immer etwas zu essen und für die Seele ein Gespräch oder ein Gebet. Ich sagte, dass mir der Ort gefiele, aber ich nun zurückmüsse, Leuchtbänder an die Touristen verkaufen. Schließlich müsse ich auch morgen und übermorgen etwas essen. Er sagte mir, dass ich auch morgen und übermorgen bei ihnen etwas essen könne, falls die Geschäfte nicht gut liefen.

»Thank you«, sagte ich. Aber nun müsse ich wirklich los.

»Dann lass dich nicht von mir aufhalten. Unser Haus ist immer offen für dich. Du hast den Weg einmal zu uns gefunden, du wirst ihn wieder finden.«

»Wo ist Sahra?«, fragte ich.

»Ich dachte, sie ist bei dir.«

Er wusste es also auch nicht.

Ich schaute mich um, sah nur die Kirche mit dem riesigen Kreuz, das Haus mit der Kantine, die Kleiderkammer, aber nirgends Sahra.

»Vermutlich ist sie nach Hause gegangen.«

»Wo wohnt sie?«

Er wusste es nicht genau, meinte jedoch, dass sie noch nicht weit weg sein könne.

Ich ging und wusste, dass er mir nachsah. Es störte mich nicht, sondern war ein gutes Gefühl. Er dachte an mich. Vielleicht war er damals der einzige Mensch, der an mich dachte. Henry registrierte mich nur, wenn ich vor ihm stand, ihm eine WhatsApp schrieb oder auf Facebook postete. Doch wenn das Handy aus war, waren auch Henry und meine Freunde weg wie Dschinn, die irgendwohin verschwinden.

Die Straße vor dem Zentrum der baptistischen Gemeinde war leer. Es ist eine Sackgasse, Autos parkten auf dem schmalen Gehweg. Ein Laster blockierte den Wendehammer. Es gab nur eine Richtung, in die sie gegangen sein konnte, und ich lief bis zur Ecke, musste mich dort für rechts oder links entscheiden. Ich lief an Cafés vorbei, ein Schuhladen, Friseur, noch ein Schuhladen, Lebensmittel. So weit konnte sie doch noch nicht gegangen sein. Was hatte sie für Kleidung getragen? Ich hatte nur ihre Augen gesehen, bloß ihr Haar, die Grübchen in ihrer Wange, das Muttermal.

Wo war sie?

Der Schweiß rann mir von der Stirn in die Augen. Es brannte. Die mittägliche Sonne war zu heiß zum Laufen, aber ich lief! Schwer atmend blieb ich endlich stehen. Zwei junge Männer standen auf der anderen Straßenseite. Sie waren klein, vermutlich Afghanen, danach zu urteilen, wie sie ruhig zu mir hinüberschauten und zügig und ohne große Aufregung und Handbewegungen in die andere Richtung gingen. Wahrscheinlich glaubten sie, dass die Polizei hinter mir her wäre. Ich stützte mich noch einen Moment auf meine Knie, drehte mich um. Kein Polizist zu sehen. Wenn mich die Polizei fassen würde, so bekäme ich Ärger. Die Passanten, Griechen und ab und an ein Tourist, waren mit sich selbst beschäftigt. Sie beachteten mich überhaupt nicht. Für sie war ich einer dieser Menschen, die nicht dazugehören, die nicht einmal Touristen sind.

Ich wechselte die Straßenseite und ging zurück: Lebensmittel, Schuhladen, Friseur, Schuhladen, Café, links ging es wieder in die Sackgasse zu den Baptisten. Ich überquerte die Straße, lief geradeaus. Mein Herz pumpte wie eine Maschine. Ich rannte und sah schließlich ihr Haar. Sie bog gerade nach links, es ging ein wenig bergab, vorbei an mehr Cafés mit mehr Touristen.

Und ich näherte mich Sahra!

Sie trug ein beiges Shirt.

Sie musste sehr schnell gegangen sein. Ich lief ihr hinterher. Ihre Haare wippten rechts, links, rechts, links. Das Haarband hatte sie eben noch nicht getragen. Rot war es. Leuchtend rot im Schwarz ihrer Haare. Ich verlangsamte meine Schritte, traute mich nicht, sie zu überholen, sie anzusprechen. Hatte sie eben auch schon Jeans getragen? Turnschuhe? War es überhaupt Sahra? Ich konnte mich nicht mehr erinnern, aber je länger ich hinter ihr herging, desto weniger glaubte ich, dass sie es war. Die Haare der Frau, des Mädchens waren zu kurz. Immer mehr Menschen waren auf dem Bürgersteig unterwegs. Ich mochte diese Stadt nicht, diese Menge von Menschen. In der Umgebung von Homs kann man herumlaufen, ohne dass einen jemand berührt. Hier waren einem die Menschen so nahe, als wäre man mit ihnen verwandt. Aber wenn man fiel, dann gingen sie weg. Keiner half einem! Touristen sind Fremde und Athen ist eine Stadt voller Touristen.

»Hallo!«

Die Frau blieb stehen, drehte sich um, schaute mich an. Der Strom der Passanten drängte sich an uns vorbei, an Sahra und mir; zwei Steine in einem Fluss, die irgendwann einmal mitgerissen werden würden. Aber nicht jetzt. Was mochte sie von mir denken? Dass ich sie belästigte, ihr einfach nachlief wie ein Verrückter.

»Hallo«, sagte ich und sah in ihrem Blick, dass sie sich fragte, ob ich sie verfolgt hatte.

»Ich muss nach Hause«, sagte ich. »Ich wollte mich nur bei dir bedanken.«

»Wo wohnst du denn?«

Ich zeigte zur Akropolis.

Sie fragte mich, ob ich mit ihr kommen wolle. Sie wohne mit Landsleuten zusammen. Es sei dort nicht so schön wie bei den Baptisten, aber wir könnten nicht alle bei den Baptisten schlafen.

»Schlafen dort auch welche?«

Sie bejahte und redete. Ich sah ihre Lippen sich bewegen. Wir sprachen darüber, dass die Baptisten nett waren, dass sie uns halfen, dass sie uns nicht einmal zum Christentum bekehren wollten, dass wir keine Amerikaner mochten, aber diese Baptisten hier in Athen waren Nordamerikaner, dass wir beide eigentlich gerne in Kalifornien leben würden, dass alle unsere Freunde lieber heute als morgen in Kalifornien leben würden, selbst die Islamisten, jeder, der noch einen Funken Verstand besaß, wollte dort leben. So redeten wir. Allzu oft hatten wir schon Libanesen, Syrer, Iraner und Türken davon reden hören, wie sehr sie die amerikanische Lebensweise verurteilten – aber merkwürdig sei, wie stark sich alle zu Amerika hingezogen fühlten. Die Menschen belogen sich selbst.

»Die Welt ist nicht so einfach, wie der Imam es will«, sagte Sahra ironisch.

Ich stimmte ihr zu. Schließlich habe sich die Welt verändert, aber der Koran nicht. Das könne einfach nicht zusammenpassen. Sie erklärte mir, dass das Wort

Baptist von dem griechischen Wort *baptizein* komme und nichts anderes als *taufen* heiße. Im Gegensatz zu den Katholiken würden die Baptisten ihre Kinder erst taufen, wenn sie schon wussten, was Religion ist. Von ihr erfuhr ich viel über die Christen. Und ich sog jedes Wort auf, das sie sagte. Ich glaube, ich hätte alles gut gefunden, was sie sagte. Ich hatte ein Kribbeln im Bauch, während wir im Strom der Menschen standen, und ich hörte nur noch auf ihre Worte, sah ihre Lippen.

Tobias stupst mich gegen die Schulter.

Ich zucke zusammen und stelle fest, dass ich immer noch das Handy in der Hand halte mit ihrem Foto auf dem Bildschirm.

Tobias telefoniert nicht mehr, sondern schaut mich grinsend an: »Na, was ist los mit dir, Basil? Hallo? Noch auf diesem Planeten?«

Ich habe mich weggeträumt, sitze neben ihm im VW Golf und friere ein bisschen. Der Himmel ist grau, und ich erzähle Tobias: »Ich habe mit Sahra in einem Slum gewohnt. Zwei Wochen habe ich bei einem Iraker geschlafen. Damals lernte ich auch Khalil kennen. Er hatte schon Kontakt zu Sahra. Vor zwei Wochen bekam ich die Nachricht, dass die griechischen Behörden unsere Siedlung mit Bulldozern zerstört haben, obwohl da immer noch Leute wohnten.« Ich zeige ihm ein paar Fotos von Sahra und mir, wie wir gerade die Suppe essen, die ich im Kochtopf über dem offenen Feuer gekocht habe. Ich ziehe das Foto auf dem Handy größer, um ihm zu zeigen, dass der Topf ein Blechkanister gewesen ist.

»Ich muss mich auf den Verkehr konzentrieren«, sagt er.

Ich halte das Handy direkt über sein Steuer. Er findet es beeindruckend, auf welche Ideen Menschen kommen, wenn sie nichts haben.

»Das ist kein Experiment«, sage ich. »Es war wirklich schlimm damals.«

»Kann ich mir vorstellen«, sagt er.

Das glaube ich nicht. Aber ich will mich nicht mit ihm streiten. Ich muss an mein Ziel denken, an Sahra. Ich stecke das Handy in meine Hosentasche und will nicht mehr reden.

*****

Es ist 13:28 Uhr.

Maxims Eltern sind schon frühmorgens aus dem Haus gegangen, ehe Sahra und Maxim wach waren. Sahra weiß jetzt, dass ihr leiblicher Vater ihre Handynummer hat. Und ganz sicher weiß er auch, wo sie wohnt. Er wird sie hier im Haus aufsuchen und alle mit ins Unglück reißen. Sie würde am liebsten weggehen, aber sie hat Angst alleine zu sein. Sie schaut neben sich. Maxim schläft in ihrem Arm. Sie streichelt ihm über die

Wange. Eigentlich sollte sie ihn lieben. Er hätte es verdient, dass sie ihn liebt. So nett, wie er zu ihr ist. Aber sie hat kein Kribbeln im Bauch. Das ist keine Liebe!, denkt sie. Wie soll sie überhaupt mit dieser Angst im Herzen jemanden lieben können? Das geht nicht. Sie muss an ihren Mann Salih denken. Er ist widerlich. Niemals hätte sie ihn freiwillig angefasst. Es hat ihn angemacht, wenn sie nackt auf dem Stuhl saß und er ihre Haare öffnen durfte. Er hatte ihre Schultern geküsst, sie mit seinen gelben Zähnen in den Nacken gebissen. Sahra will nicht mehr an ihn denken. Alles ist besser als Salih.

Sie liegt auf dem Rücken und schaut zur Decke. Ob ihr Vater klingeln wird? Es gibt keine Gegensprechanlage. Ihre neuen Eltern haben nicht einmal einen Spion in der Tür, durch den sie schauen können. Wenn ihr Vater klingelt, so wird ihm aufgemacht. Er muss sich nicht durch den Garten schleichen und dort in ein Fenster einsteigen.

Wie oft kommt es in Thrillern vor, dass ein Wahnsinniger in ein Haus eindringt und gezielt eine Person töten will? Hunderte Male hat sie das schon gesehen. Das Opfer flieht unters Bett, vorn zum Fenster hinaus, hinauf auf den Speicher, hinunter in den Keller, aber am Ende steht es ihm gegenüber und muss ihn besiegen. Er hat eine Waffe, das Opfer nur seine Hände, es greift sich eine Stehlampe, schlägt zu, der Täter fällt unglücklich die Treppe hinunter und ist tot.

Sie schließt die Augen.

Ihr Vater hat Falten auf der Stirn, tiefe Falten. Wenn er sie schlägt, sehen sie aus wie dunkle Schlangen. Sie will nicht unters Bett kriechen oder sich im Keller vor ihm verstecken, nicht wehrlos sein, kein Opfer. Wenn ihr Vater kommt, wird sie ein Messer in der Hand halten und den Schlangen den Kopf abschlagen. Sie wird ihm ... Dann wird ihr ganz heiß, denn sie denkt an ihren Mann: Salih. Ob er zusammen mit ihrem Vater mit nach Deutschland kommen wird? Ihr Mann ist nicht so brutal, eher ein einfacher Idiot, der sich mehr mit Ziegen als mit Frauen auskennt. Ob er wirklich geglaubt hat, dass er sie kaufen kann wie ein Rind? Sie wollte das nie. Sie will lernen, raus aus diesem Dorf. Sie denkt: Wer einen Fernseher hat, der kann nicht mehr so leben wie Mutter und Vater, wenn er bei klarem Verstand ist.

Sie wird sich wehren.

Egal, was passiert!

Egal, ob ihr Vater alleine kommt oder mit Salih.

Auf Maxim kann sie nicht zählen. Er ist stark und muskulös, aber er hat nie gelernt sich körperlich durchzusetzen. Er hat noch mit keiner Schlange zusammenleben und sich wehren müssen. Sie sieht das Gesicht ihres Vaters vor sich. Er hält einen Stock in der Hand und schlägt zu. Früher hat sie geglaubt, dass seine Strafen sein müssen, dass ihr Vater gerecht sei. Jetzt weiß sie, dass der Richter die Strafe festsetzt. Und ihr Vater ist der Richter und das Gesetz in einer Person. Das ist falsch, sein Gesetz ist falsch. Sie wird später einmal Jura studieren. Die Gesetze Deutschlands kennenlernen. *Du kannst nur zu deinem Recht kommen, wenn du das Recht kennst.* Das hat ihr die Entscheiderin gesagt, als sie ihren Asylantrag positiv entschieden hat.

Sahra schaut an die Decke. In Syrien hat sie als kleines Mädchen schon ein Kopftuch tragen müssen. Früher haben die Frauen erst ein Kopftuch getragen, wenn sie ihre Periode bekamen, wenn sie schwanger werden konnten. Aber jetzt? Jetzt werden sie den Mädchen schon früh übergestreift. So eine Dummheit. Das hat der Prophet sicher nicht gewollt. Sie will keine Kette mehr um ihren Kopf. Wollte auch die Ausflüge freitags nach der Moschee nicht mehr. Sie hasste es, und noch immer ist ihr übel, wenn sie an die Fahrten mit ihrem Mann zu seiner Mutter und seinem Bruder denkt. Sie hasst alles, was damit zusammenhängt. Sie will nie wieder zurück nach Syrien, nie wieder ihre Verwandten sehen, nie mehr in dieses Heim in Saarlouis, wo Syrer leben. Sie will hier bei Maxim und seinen Eltern bleiben. Sie ist kein Kind mehr und wird keines mehr sein. Sie denkt an das Geld in ihrer Jeans. Am liebsten würde sie es verbrennen oder es Maxim vor die Füße werfen. Dieses beschissene Geld ist auch eine Kette, an die sie sich legt.

Heute Nacht hat Maxim vor ihrem Bett gestanden und gefragt: »Was ist los mit dir?« Sie war schweißgebadet, hatte im Schlaf geredet, hatte sich heulend hin und her gewälzt, und da stand plötzlich Maxim im Licht der Schreibtischlampe, die immer brennt, damit es in ihrem Zimmer nie dunkel ist. Denn in der Dunkelheit der Nacht versteckt sich die Vergangenheit. Davor fürchtet sie sich. Sie braucht das Licht. Sie muss alles sehen, um weglaufen zu können. Nur die Gläubigen fürchten sich nicht vor der Dunkelheit, denn sie tragen eine Hoffnung in sich. Aber Sahra nicht. Sie will nicht glauben. Sie will sehen!

»Ich habe Angst«, hat sie gesagt. Und Maxim gefragt, ob sie mit zu ihm in sein Zimmer kommen dürfe. Er hat sie ernst angeschaut und genickt. Erst lag sie neben ihm, dann in seinem Arm und gegen Morgen ist sie eingeschlafen. Sie hörte noch, wie Maxims Eltern das Haus verließen. Maxim hat sie in der Nacht nicht bedrängt, er kam ihr nicht näher, und schließlich sind sie Rücken an Rücken eingeschlafen. Manchmal glaubt sie, Maxim sei genauso kalt wie sie. Dabei wurde er nie verletzt, musste niemals einen Menschen lieben, den er nicht liebte. Sie wird keinen Menschen lieben können. Wird niemals so sein wie die Mädchen in ihrer Schule. Sie wird immer an morgen denken, an ihren Vor- und ihren Nachteil, sich nicht verlieren im Augenblick.

Sie ist heute nicht zur Schule gegangen, obwohl Maxims Handy pünktlich um 7:10 Uhr geklingelt hat. Er ist ebenfalls liegen geblieben. Sie will nie wieder zur Schule gehen, sondern sich einschließen und nicht die Tür öffnen. Ein Nest und ein Schließfach ist diese Familie.

Maxim schlägt die Augen auf. Seine Wimpern sind lang. Die Spitzen der oberen Reihe reichen bis zu den Brauen hinauf. Sahra denkt an die kleinen arabischen Jungen und Mädchen, deren Augenwimpern fest wie Gitterstäbe sind, durch die der Augapfel hindurchsieht. Ob arabische Kinder so lange Wimpern haben, weil die Sonne so stark scheint?

Ihre Blicke treffen sich.

Ihr Lächeln ist ängstlich.

Maxim sagt ruhig: »Dein Vater ist nicht in Deutschland. Keine Angst.«

»Doch«, sagt Sahra. »Ich spüre ihn. Weißt du, was sie in Syrien mit einem Mädchen wie mir machen, das seinem Mann weggelaufen ist?«

Maxim drückt ihr einen Kuss auf die Lippen und drängt sich dicht an sie. Sie spürt sein Glied. Es ist steif. Das will sie nicht. Sie rückt weg. »Ich will das jetzt nicht«, sagt sie. »So nicht. Es muss etwas Besonderes sein, wenn wir …«

»Kein Problem«, erklärt er, doch er klingt nicht ehrlich.

»Sei bitte nicht sauer«, besänftigt sie ihn.

»Warum sollte ich sauer sein? Das ist deine Sache.«

»Ist es nicht«, sagt sie. »Es ist unsere Sache. Aber ich brauche noch ein bisschen Zeit.«

Wieder drückt er ihr einen Kuss auf die Lippen, zärtlicher diesmal.

Wenn Sahra morgens in ihrem Dorf neben ihrem Mann aufgewacht ist, so hat sie sein Gesicht gesehen und Angst gehabt, er könne erwachen. Seine Stirn war hoch und seine Haare grau an den Seiten. Wie oft hatte sie morgens noch im Bett gelegen und gebetet, er möge ewig schlafen. Wenn er erwachte, zwang er sie stets, seinen Körper dort zu küssen, wo sie ihn nie hätte küssen wollen. Dann hat er gebetet. Er hat nie bei Sonnenaufgang gebetet. Gelogen hat er, gegenüber ihr, gegenüber ihrem Vater und gegenüber Allah. Dabei sieht Allah alles, was die Menschen tun. Er ist überall und jederzeit. Daran glaubt Sahra fest. Nur will sie nicht, dass Männer ihr sagen, was sie zu tun und zu lassen hat. Sie sieht Salih vor sich. Meist gelang es ihr aufzustehen, ehe er erwachte. So versuchte sie ungeliebt durch den Tag zu gelangen.

Maxim sitzt auf der Bettkante, Sahra den Rücken zugedreht, steht auf, streckt sich, erhebt sich. Er trägt eine Unterhose mit orangenfarbenen Streifen von Hugo Boss, sein Rücken ist ein Spiel von Muskeln. Er zieht sich sein graues Unterhemd an.

Maxim verlässt das Zimmer, geht durch den vollgestellten Flur in die Küche. Sie hört Tassen klimpern in der Küche, der Wasserkocher brodelt. Dann kehrt er mit einem Tablett zurück. Er hat Brote geschmiert und ihr Tee gemacht. Sahra setzt sich aufrecht im Bett. Über ihrem Kopf hängt seine Gitarre, die er schon seit Jahren nicht mehr gespielt hat.

Sie fühlt sich müde und aufgekratzt zugleich.

Das Tablett stellt er auf seine Seite vom Bett.

Sie fragt, warum er keine Tasse und kein Brot für sich mitgebracht hat. Ob er aus ihrer Tasse trinken wolle?

Maxim erklärt: »Heute früh bin ich schon einmal wach gewesen, als du noch geschlafen hast. Da hab ich gefrühstückt.«

Sahra weiß, dass er früh aufsteht. Maxim lernt dann schon. Sie kennt keinen Jungen, der so fleißig ist. Das zweitbeste Abitur in seinem Jahrgang hat er gemacht. Eine Eins in Biologie und eine Eins in Englisch. Das waren seine beiden Leistungskurse. Und jetzt darf er Medizin studieren. Aber sie wird nicht mit ihm nach München kommen. Sie muss mit ihm über ihre Vergangenheit reden. Aber wie?

Maxim setzt sich zu ihr und fragt sie, ob er doch kurz an ihrem Kaffee nippen dürfe. Irgendwie habe er immer noch Kaffeedurst.

»Soll ich dir einen machen?«, fragt sie.

»Nein.« Er schaut sie verliebt an.

Sahra will ihn nicht küssen, sie will ihm erzählen, was los ist. Sie sagt frei heraus: »Der Mann, mit dem ich verheiratet bin, heißt Salih. Er hat für mich bezahlt. Ich wurde von meinem Vater an ihn verkauft und bin sein Eigentum. Das glaubt er jedenfalls und mein Vater glaubt es auch.«

»In Deutschland ist es völlig egal, ob sie dich in Syrien verheiratet haben.«

»In meinem Aufenthaltstitel steht aber auch, dass ich verheiratet bin.«

»Echt?«

»Ja. Schließlich ist die Ehe gültig.«

»Er kann dich nicht einfach von hier wegholen.«

»Das will mein Vater auch nicht. Er will mich töten.«

»Wir werden dich beschützen. Darauf kannst du dich verlassen. Meine Eltern und ich passen auf dich auf.«

Sahra will Maxims Worten glauben, aber sie kann nicht. Dafür sind Maxim und seine Eltern einfach zu schwach. Sie leben in einer Welt, in der alles mit Worten geregelt wird, in der lauter Menschen leben, die daran glauben, dass Worte das Leben regeln. Sie sind gläubiger als jeder Gläubige. Ihr Vater kommt aus der Welt der Taten und der Ehre. Aus einer Welt, wo er nie sein Gesicht verlieren darf.

»Mein Vater hat mich verprügelt, bis ich nicht mehr sitzen, nicht mehr liegen, nicht mehr stehen konnte. Er wird niemals dulden, was ich getan habe.«

Maxim rückt näher zu ihr und schaut sie verliebt an. Das Licht fällt in kleinen Punkten durch die runtergelassenen Jalousien. Draußen muss es sehr hell sein. Er kämmt sich kurz die Haare zur Seite. In Sahra blitzt augenblicklich das Bild von Khalil auf, wie er sein Haar mit dem Finger zur Seite kämmte. Maxim drückt ihr einen Kuss auf die Lippen. Sie will es nicht, aber sie wehrt sich nicht. Weich wie ein Kissen sind seine Lippen. Dann schiebt er mit der Linken das Tablett zur Seite und ist ganz dicht vor ihr, umfasst ihre Schulter und küsste sie am Hals, knöpft ihr Hemd auf, küsst ihre Brust, die Brustwarze. Sie spürt seinen Atem auf ihrer Haut, seine Bartstoppeln. Langsam lässt er seine Hand von der Brust hinunter über ihren Bauch gleiten.

»Nein«, sagt sie. »Nein!« Sie hält seinen Kopf und drückt ihn weg.

»Was ist?«

»Ich habe das Gefühl, als würde uns mein Vater zusehen«, lügt sie. Dabei will sie einfach nicht mit ihm schlafen. Doch sie traut sich nicht, es ihm zu sagen. Er würde wütend werden und am Ende müsste sie gehen. Da ist sie sich sicher. Sie will mit keinem Mann zusammen sein und ahnt zugleich, dass sie ohne ihn verloren wäre.

»Okay.« Maxim dreht sich zur Seite und nimmt das Tablett. Ob er sauer ist?

Er sagt kühl: »Willst du noch einen Kaffee?«

Sie will keinen Kaffee mehr und er möchte ins Bad. »Wir müssen aufstehen«, sagt er. »Meine Mutter kommt bald aus dem Büro.«

Sie knöpft sich das Hemd bis obenhin zu. Dann geht sie vor ihm aus dem Zimmer und ins Bad. Es geht ihr nicht gut. Was, wenn sich ihr Vater im Strom der Flüchtlinge befindet, die seit Monaten nach Deutschland unterwegs sind? Sie hätte Salih nicht weglaufen dürfen. Sahra schaut in den Spiegel und sieht eine junge Frau, die sich in die Haare greift und daran zieht. Sie will diese Haare von ihrem Kopf reißen wie eine Perücke. Diese Scheißhaare. Warum ist sie nur eine Frau? Sie will keine Frau sein! Niemals. Sie nimmt die Schere und zieht ihr Haar glatt zur Seite, schneidet sie an den Spitzen ab, schneidet in die Haare hinein, schneidet und schneidet, traut sich nicht, die Haare ganz oben an der Wurzel abzuschneiden. Sie will raus – kein Mädchen mehr sein, keine Frau. Sie dreht die Dusche auf. Schaut dem Wasser zu, das von oben herunterregnet.

»Sahra!« Es ist Maxim. Sie hört ihn durch die Tür wie aus der Ferne. »Was ist los!? Hast du dich verletzt?!«

Warum ruft er nach ihr? Wie kommt er auf die Idee, dass sie sich verletzt haben könnte? Warum lässt er sie nicht in Ruhe? Sie sollen sie alle in Ruhe lassen! Sie will keinen sehen und keinen hören!

Es macht Rums an der Tür. Versucht Maxim die Tür einzulaufen?

Sahra öffnet.

Maxim steht vor der Tür und starrt sie fassungslos an: »Warum …?« Er stockt. »Was hast du getan?«

»Mir die Haare geschnitten«, sagt sie so ruhig, als sei nichts geschehen.

»Warum hast du das gemacht?« Eine Antwort erwartet er nicht. Vielmehr nimmt er sie in den Arm. Sahra sagt, dass er ihr helfen müsse. Sie habe Angst.

»Wir gehen weg – sofort. Dieses Arschloch von einem Vater wird dich nicht kriegen. Ich habe einen Plan.«

Sie will niemanden sehen und fühlt sich trotzdem wohl in seinem Arm.

An der Haustür dreht sich der Schlüssel im Schloss. Maxims Mutter ist früher zurück als erwartet.

»Was hast du mit dir gemacht, Kind?«, fragt sie erschrocken, als sie Sahras Haar sieht.

*****

Wir sind endlich in Paris angekommen.

»Die Schlange ist weg«, sage ich.

»Welche Schlange?«, fragt er.

Wir fahren genau durch jene Straße, in der die Registrierungsstelle für Flüchtlinge liegt. »Stunden habe ich hier auf dem Bürgersteig verbracht. Erst wenn du registriert bist, wird geprüft, ob du illegal im Land bist oder nicht. Bis diese Überprüfung dann abgeschlossen ist, bist du geduldet.«

»Du solltest Jurist für Flüchtlingsrecht werden«, spottet Tobias und wirft nicht einmal einen Blick nach rechts. Der Bürgersteig ist breit, kaum ein Fußgänger ist darauf unterwegs. Es gibt hier keine Läden. Tobias stellt die Scheibenwischer eine Stufe runter. Der Regen ist nur noch ein Nieselregen und der Verkehr wird wieder dichter, denn wir biegen auf eine der Hauptadern ein.

»In Berlin gibt es auch solche Schlangen. Aber die Flüchtlinge werden da noch Jahre stehen. Die kriegen in Berlin nichts auf die Reihe. Das ist eine Katastrophe. Ständig wird der Stadt Geld in den Hintern geblasen, doch es kommt nur stinkende Luft raus. Und in Köln ist sowieso alles eine Katastrophe.«

Ich bin vor einem Jahr zu Silvester dort gewesen, kurz nach meiner Ankunft in Köln. Sie hatten am Dom Raketen in die Menge geschossen und versucht, sich von einer Rheinseite zur anderen mit Raketen abzuschießen. Auch damals ging es auf der Domplatte heftig zu. Es war wie im Krieg. Ich kann verstehen, warum die Polizei in diesem Jahr zuerst keine Verstärkung angefordert hat. Sie haben gedacht: Das ist wie immer, wie immer Krieg zu Silvester. Nur wurden vergangenes Jahr keine Frauen ausgeraubt, sexuell belästigt und vergewaltigt. Ich bin froh, dass ich nicht zum Bahnhof gegangen bin und niemanden kenne, der dort gewesen ist. Ich habe mir mehrmals die Bilder im Internet angesehen. Keines der Gesichter kam mir bekannt vor.

»Warum haben die Journalisten eigentlich zuerst nicht geschrieben, dass die Verbrechen in der Silvesternacht von Ausländern begangen wurden?«

Tobias wundert sich über meine Frage: »Weil sie das nicht dürfen! Stell dir mal vor, wir würden immer schreiben, welche Nationalität ein Verbrecher hat. Wie willst du das machen, wenn beispielsweise ein Mann aus dem Irak die deutsche Staatsbürgerschaft besitzt? Ist er dann ein Iraker oder ein Deutscher? Oder sollen wir gleich von südländisch aussehenden Menschen reden? Das geht nicht. Es ist viel zu kompliziert. Besser ist, wenn wir gar keine Nationalität oder Hautfarbe oder sonst was nennen. Das kann nur schiefgehen.«

So hatte ich das bislang noch gar nicht gesehen.

Wieder stehen wir. Ich sehe die Ampel in der Ferne:

Sie ist grün, aber die Schlange hat die Rücklichter an. Nichts tut sich.

»Kann ich mal dein Handy benutzen?«

Tobias nickt. Er hat eine Internetflat für Europa. Ich schaue im Netz nach, wo jetzt die Registrierungsstellen für Flüchtlinge sind, finde aber nichts dazu. In den vergangenen Jahren hat sich so viel verändert. Als ich gekommen bin, waren wir Flüchtlinge aus Syrien noch eine Ausnahme, und jetzt ist es normal. Ich frage mich, wie viele noch kommen werden. Damals waren wir fast nur Männer, jetzt sind es ganze Familien.

Tobias hat Spotify und ich höre Alibi Montana.

»Wie aggro ist das denn?«, fragt er.

»Alibi. Ein Pariser Gangsterrapper. Hat früher selbst mal gedealt.«

Tobias nimmt mir das Handy weg. »Deshalb müssen wir uns das Zeug nicht anhören. Das macht mich nervös.« Er würgt Alibi ab, schaltet stattdessen das Radio ein. Der Reporter redet über zickige Hollywoodschauspieler.

Ich erzähle: »Manchmal hat man sich mit den Leuten in der Schlange für die Registrierung richtig angefreundet, weil man sie jeden Tag gesehen hat.«

»Jetzt keine Sentimentalitäten, Basil. Oder willst du dich noch mal anstellen?« Er wirft einen Blick auf die Mittelkonsole, in der seine Red-Bull-Cola in der Bechervorrichtung steht, die er sich an der Tankstelle vor Paris gekauft hat. Ich muss an Khalil und den Toyota denken. Er hebt die Dose an, schüttelt sie, aber es ist nur noch ein Schluck darin. »Fast leer. *Das* ist traurig«, sagt er schmunzelnd. »Hoffentlich gibt es das Zeug auch in Paris.«

»Denke schon«, sage ich.

Seine Laune hat sich auf den vergangenen zwanzig Kilometern wieder gebessert. Vielleicht weil wir endlich in Paris sind. Aus Grau wurde Regenblau für ihn. Ich kann Jessi verstehen, dass sie von seinen Launen genervt ist. Ich weiß nie, was er im nächsten Augenblick tut. Unberechenbar heißt das Wort auf Deutsch, *unpredictable* im Englischen. In Arabisch ist es etwas schwieriger auszudrücken. Ich liebe Sprachen.

»Was ist in Paris mit dir passiert?«, will er wissen.

»Nichts Gutes. Sie haben mir nicht geglaubt, dass ich fünfzehn bin. Ein Polizist in Istanbul hatte mir meinen blauen syrischen Pass abgenommen, aber ich hatte ihn auf dem Handy fotografiert. Nur hat mir keiner geglaubt, dass es wirklich mein Pass ist. Sie haben gesagt, die syrischen Pässe seien im Gegensatz zu den europäischen nicht fälschungssicher.«

»Das ist doch wohl ein Witz«, bemerkt Tobias.

»Ich weiß es nicht. Mit einer Registrierung hätte ich einen Antrag auf Asyl, Unterbringung, eine Mahlzeit und elf Euro am Tag stellen können. Ich hätte sogar das Recht auf einen Französischkurs gehabt.«

»Warum bist du nicht direkt nach Deutschland gegangen?«

»Weil damals Angela Merkel noch nicht gesagt hatte, dass nahezu alle Syrer als Bürgerkriegsflüchtlinge in Deutschland anerkannt werden. Khalil wollte sowieso nicht nach Deutschland. Er meinte, wir hätten hier in Frankreich bessere Chancen. Deutsch sei eine viel zu schwierige Sprache, und wenn wir in Deutschland als Asylbewerber abgelehnt würden, würden wir sofort wieder nach Hause geflogen. Die Deutschen seien sehr ordentlich.«

»Was für ein Quatsch.«

»Ich habe ihm geglaubt.«

»Warum bist du so lange mit ihm zusammengeblieben?«

»Ich habe es dir doch schon gesagt: Ich konnte mich auf ihn verlassen. Es gab noch keine solche Balkanroute, Sahra, Khalil und ich sind noch nicht einfach über den Landweg, über Kroatien, Serbien oder sonst wie nach Westeuropa gekommen, sondern mit dem Schiff von Griechenland nach Italien. Wir waren alleine, auf uns gestellt. Ohne Hilfe, ohne Flüchtlingszüge, die uns von einem Land ins andere gebracht hätten. Sahra und Khalil waren so etwas wie meine Familie. Und deine Familie verlässt du nicht einfach so. Stell dir mal vor, du bist fast zwei Jahre unterwegs, jeden Tag siehst du neue Leute, hast keine Freunde, nichts. Kontakt hältst du nur übers Netz. Das Handy ist deine Heimat. Ich hatte immer Angst, mir würde etwas gestohlen. Bei Khalil wusste ich, dass er ehrlich zu mir ist.«

»Der Typ ist ein Schläger.«

»Mich hat er respektiert.«

»Und was habt ihr dann in Paris gemacht?«

»Tagsüber in den Grünanlagen am Gare de l'Est geschlafen, denn nachts kontrolliert die Gendarmerie die Obdachlosen und Flüchtlinge. Ich bin damals hier auch zu den Baptisten gegangen oder habe im katholischen Asyl geschlafen und gegessen. Khalil wollte nicht mitkommen. Er ist gegen alles, was nicht islamisch ist.«

»Immerhin scheint er konsequent zu sein.«

Ich stimme Tobias zu, der gerade sein Navi verflucht, weil es das GPS-Signal verloren hat und hängt. »Das darf doch nicht wahr sein.«

»Du musst es regelmäßig updaten«, lasse ich ihn wissen.

»Und du bist ein Fuchs.«

Ich weiß nicht, was das bedeutet, aber er tippt noch einmal *Paris Gare de l'Est* ein, und wie durch Zauberhand zeigt uns das Navi jetzt den Weg.

»Also eines verstehe ich nicht. Wenn Khalil so ein

frommer Muslim ist, wie kann er es dann mit dem Koran vereinbaren, uns zu erpressen? Ich verstehe sowieso nicht, wie die Islamisten es begründen, dass sie den Ungläubigen die Köpfe abschlagen. Haben die Muslime verschiedene Korane?«

»Wenn jemand einen unschuldigen Menschen tötet, so ist es, als habe er die gesamte Menschheit getötet.«

»Ist das auch aus dem Koran?«

»Sure 5.«

»Also sollen Muslime nicht töten.«

»Natürlich nicht.«

»Und wie sieht es mit Erpressung aus?«

Dazu fällt mir kein Koranzitat ein. Tobias nimmt den Gang heraus. Er scheint sich damit abgefunden zu haben, dass wir nicht mehr vorankommen.

»Wie hat denn Khalil damals überlebt?«

Ich weiß es nicht genau. »Wir waren mal bei einem Imam, wo wir Essen bekamen. Khalil hatte Kontakt zu einem Jamal. Seine Familie lebte in Seine-Saint-Denis. Die Kinder gingen zur muslimischen Schule. Da war er wohl auch ab und an. Ich war aber nicht mit dabei, wenn er sich mit Jamal traf.« Was ich Tobias verschweige: Dass Khalil für einen libanesischen Dealer als Späher gearbeitet hat. Er musste ihn vor der Polizei warnen. Das brachte ihm zwischen 50 und 100 Euro.

Wir stehen jetzt mitten auf der Kreuzung. Ein gigantischer Laster beliefert ein Modegeschäft und blockiert die halbe Straße. Tobias meint: »Solche Anlieferungen machen die Laster bei uns vor Geschäftsöffnung und nicht mitten in der Hauptverkehrszeit. Ist das hier üblich?«

»Weiß nicht. Ich hab damals nicht auf den Verkehr geachtet. Versetz dich mal in meine Lage. Du bist in Paris, schläfst ...«

»Warum sollte ich mir das vorstellen?«

Ich weiß nicht, was ich darauf antworten soll. Ist die Frage ernst gemeint?

Er redet weiter: »Oder war es ein gutes Gefühl, das du auf der Flucht gehabt hast?«

»Nein.«

»Warum sollte ich mich dann in deine Lage versetzen? Warum sollte ich mir die ganze Scheiße vorstellen?«

»Wie meinst du das?«

Er spricht mit mir, aber er schaut stur geradeaus auf den Verkehr. »Weißt du, was ich glaube?«

»Nein!« Das weiß ich nicht. Ich spüre, wie aggressiv Tobias wird.

»Ich glaube, dass uns kein Araber helfen wird, wenn es uns mal schlecht geht.«

Warum redet er so? Will er mich beleidigen?

»Weil ihr es nicht könnt. Ja, ihr könnt uns gar nicht

helfen. Denn die reichen Araber geben ihr Geld nur für sich aus, für fette Autos, nicht für Bildung. Da wird keine Uni gebaut, nichts! In Köln werden im Jahr mehr Patente angemeldet als in allen muslimischen Staaten zusammen. Selbst die Türkei kann kein einziges Medikament herstellen. Die haben nichts. Ich frage mich immer, worauf die eigentlich stolz sind? Auf einen Haufen Steine? Auf irgendwelche alten Sachen – Pyramiden, den Koran, ihre Kriegshelden? Nicht einmal Waffen können sie herstellen. Nichts! Wenn wir ihnen keine Autos verkaufen würden, müssten sie wieder auf Eseln reiten.«

»Ich steige gleich aus«, sage ich; nicht, weil er mich beleidigt, nicht, weil er ungerecht ist, sondern weil er mir unheimlich wird. Ich weiß nicht, was zwischen ihm und Jessi vorgefallen ist, aber irgendetwas nagt an ihm. Er kommt mir vor wie eine tickende Zeitbombe. Jetzt wendet er sich mir zu, legt seine Hand auf meinen Oberschenkel. »Bleib hier, Basil. Du kannst nicht einfach aussteigen, wenn du ehrlich bist. Du hast dich schon zu sehr ans gute Leben gewöhnt. Du wohnst in einem Heim, bekommst täglich dein Essen. Du wirst nicht aussteigen. Warum solltest du?«

Ich öffne die Tür, aber genau in dem Moment legt er den Gang ein, der Wagen ruckt an und wir biegen rechts über den Bürgersteig auf einen Supermarktparkplatz ab. Dort schieben wir uns in eine Lücke.

Tobias macht den Motor aus.

Die Radiomusik verstummt.

Nur noch der Regen ist zu hören, der auf das Dach trommelt.

»Warum willst du überhaupt aussteigen?«

»Weil du mich beleidigst.«

»Habe ich dich als Araber beleidigt? Oder habe ich dich als Basil beleidigt? Wen habe ich beleidigt? Sag mal!«

Ich sage ihm, dass ich mich nicht gut fühle.

Er sagt: »Ich habe dich nicht beleidigt. Ich mag dich, Basil. Ich sage dir nur die Wahrheit über die heutigen arabischen Völker und auch die Perser, die ganzen Leute, die in der Wüste leben und mit ihren Ländern nicht weiterkommen. Sie ruhen sich auf Traditionen aus, die längst überholt sind. Wann kapieren sie, dass nicht Allah, sondern Apple die Welt regiert? Die Amerikaner haben die Waffen. Das stimmt. Aber stell dir mal vor, die Deutschen wären die Weltmacht! Oder die Russen. Oder die Saudis. Was für ein Horror wäre das denn? Die Menschen wollen keinen Gott, sie wollen gut leben, deshalb laufen sie zu uns in den Westen. Sie wollen Frieden und Arbeit und Konsum. Das ist ihr Ziel. Ich fahre mit dir bis ans Ende der Welt, um deine Freundin zu finden. Würdest du das auch für mich tun? Würde das irgendein Syrer für mich tun?«

»Du wolltest es doch gestern auch noch nicht.«

»Das stimmt«, sagt er und lächelt mich an. Dann kratzt er sich an der Nase. Das weiße Pflaster auf seinem Finger ist ein bisschen rot.

Wir sitzen in dieser Zelle aus Blech, Plastik und Glas und sehen die Menschen um uns herum Waren aus einem Supermarkt schleppen und Einkaufswagen schieben. Die Scheibe beschlägt von unserem Atem. Gleich sind unsere Blicke ganz in dieser Zelle gefangen. Ich habe Magenschmerzen. Es drückt mir dieses Snickers von unten nach oben.

»Vergiss es«, sagt er unerwartet in die Musik der Regentropfen hinein.

»Was soll ich vergessen?«

»Was ich eben gesagt habe.« Er schaut mir in die Augen. Tobias hat ein schlechtes Gewissen. Er dreht sich den Kragen seines Pullovers nach unten. Einen dunklen Rollkragenpullover hat er an. Dann zieht er meinen Kopf zu sich, drückt seine Stirn gegen meine. »Jeder hat Probleme. Und jeder glaubt, dass seine Probleme die wichtigen sind. Stimmt's?«

Ich sage »Ja«.

Er nimmt seine Hand wieder von meinem Nacken. »Ich habe halt Zweifel, dass die Menschen in Syrien, Afghanistan oder im Iran, im Irak oder in Ägypten das Gleiche für uns tun würden. Ich weiß es nicht.«

»Ist das denn wichtig?«

»Es wäre schön, wenn man sich auch auf die anderen verlassen könnte.«

»Das stimmt«, sage ich und merke, wie verzweifelt Tobias ist. Er tut mir leid, obwohl er mich gerade eben noch beleidigt hat. »Ich kann mich auch nicht auf Syrien verlassen, sonst wäre ich nicht mit dir hier. Ich will nicht mehr dorthin. Ich weiß auch nicht, worauf die Leute dort heutzutage noch stolz sind. Ich bin es nicht. Ich bin hier, und ich bin glücklich und dankbar dafür, hier zu sein. Und du bist der einzige Mensch, der mir wirklich hilft. An meine Kindheit denke ich gern, wie fast jeder, diese Zeit wird immer meine Heimat sein. Aber ein Zuhause ist sie nicht. Zu Hause fühle ich mich hier mit dir.«

Tobias lässt den Wagen an, dreht die Lüftung auf Hochtouren und fährt die Scheiben runter. »Wir sollten weiterfahren, ehe die Sache noch abgleitet.«

Wir starren beide auf das Navi, als Tobias sich wieder in den Verkehr einordnet, denn erneut hat er das GPS-Signal verloren.

»Ohne Navi finden wir diesen Gare de l'Est niemals.«

»Wir müssen in südliche Richtung«, sage ich.

»Du Schlaumeier«, entgegnet er lachend. »Willst du dich an der Sonne orientieren?« Dabei schaut er hinauf zum Himmel. Kein Mensch weiß, wo jetzt die Sonne ist.

Und ich weiß nicht, was das Wort Schlaumeier genau heißt. Ansonsten kenne ich all die Worte, die er benutzt. Aber das scheint irgendetwas Spezielles zu sein. Ich frage nicht weiter nach.

Er sagt: »Weißt du denn, wo Süden ist?«

»Dort«, erkläre ich und zeige schräg nach rechts über die Häuserzeile hinweg.

»Wie kommst du darauf?«

»Wegen der Kirche da drüben.«

Tobias beugt sich zu mir rüber, um durch mein geöffnetes Fenster schauen zu können. Die Windschutzscheibe ist noch immer beschlagen.

»Ja, und?«

»Die Kirche zeigt Richtung Osten. Dann ist dort Süden.«

»Ist das jetzt ein Scherz?«

»Jede Kirche in Westeuropa zeigt nach Osten, weil dort die Sonne aufgeht«, erkläre ich ihm. Er blickt ungläubig zu mir rüber. »Die aufgehende Sonne steht für Jesus' Auferstehung.«

»Haben dir das die Baptisten erzählt?«

»Weiß nicht. Ich weiß nur, dass das deutsche Wort Orientierung daher stammt, dass alle Kirchen Richtung Orient zeigen.«

»Manchmal überraschst du mich.«

Um uns herum wuseln Vespas zwischen den Autos

und Lastern. Sie lassen sich vom Regen nicht abhalten, fahren rechts über die Busspur, auf dem Fahrradweg, versuchen an den Ampeln irgendwie nach vorn zu kommen. Das Navi springt endlich an. Es zeigt prompt in die entgegengesetzte Richtung, als ich gezeigt habe.

»Entweder spinnt das Ding oder deine Kirche zeigt nicht nach Osten«, spottet Tobias und folgt dem Navi nach links.

Einen Block weiter sind wir schon auf dem Boulevard de Magenta, der zum Gare de l'Est führt. Rechts die Busspur, links kriechen wir den Asphalt entlang. Tobias versucht sich mit dem Wagen richtig einzuordnen. »Wir müssen da vorne irgendwo rechts. Ich war schon mal hier. Ich glaube, die Karten vom Navi sind wirklich zu alt.« Aber das Navi irrt nicht, denn rechts ist eine Einbahnstraße. So fahren wir am Gare de l'Est vorbei, den wir schon sehen konnten. Wir irren um den Bahnhof herum, entfernen uns wieder weiter davon und Tobias flucht. Es gibt keine Linien für die Spuren. Jeder folgt dem Wagen vor sich, bis dieser nach links oder rechts abbiegen muss. Es ist, als würde eine Herde Kühe hektisch vor einem Rudel Wölfe davonlaufen. Wir fahren einem Laster hinterher, auf dem in blau-weiß-roten Buchstaben *FranceInterTrans* steht. Ich sage: »Genau so ein Laster war es, mit dem wir von Genua nach Nizza gefahren sind.«

Erinnerungen steigen in mir auf: wie Khalil, Sahra und ich im Laderaum des Lasters von *FranceInterTrans* zwischen den Kartons hockten, wie wir uns zuvor auf der Zugfahrt von Ancona nach Genua in der Toilette versteckt hatten, wie uns der Kontrolleur entdeckte und einfach weiterfahren ließ, wie wir mit der Autofähre nach einunddreißig Stunden Fahrt in Italien angelegt hatten, wie Sahra und ich auf dem Rücksitz des Toyotas kauerten, wie meine Kehle ausgetrocknet war. Die Überfahrt zwischen Griechenland und Italien war das Übelste auf der ganzen Flucht. Keiner hat mich geschlagen, keiner mich angeschrien, aber wir wären fast auf dieser Fähre verdurstet. Wir hatten nicht geahnt, wie lange wir unterwegs sein würden. Ein Mensch kann nur drei Tage ohne Wasser überleben.

Beim Anblick des *FranceInterTrans*-Lasters habe ich heute noch den erschlagenen Wachmann vor Augen und diese Flasche Vittel, die im Netz hinter dem Sitz des Toyotas verstaut war. Der Gare de l'Est interessiert mich nicht mehr, ich spüre meine Zunge, wie sie am Gaumen klebt, schmecke den säuerlichen Speichel. Der Durst war unerträglich. Der kleine deutsche Junge hatte die Flasche leer genuckelt. Wäre auch nur ein Schluck darin gewesen, wir hätten uns um diesen Schluck geprügelt. Vittel. Am liebsten hätte ich den Markennamen gegoogelt, aber wir hatten keinen Handyempfang: zu dick das

Eisen um uns herum hier unten auf dem Parkdeck, zu weit weg der nächste Sendemast der Telefongesellschaften. Einen Tag und eine Nacht nachdem die Fähre den Hafen von Patras verlassen hatte, öffnete ich vorsichtig und durstig wie ein Frosch in der Wüste die Tür des Toyotas. Khalil schimpfte mich einen Idioten. »Wir müssen bald in Italien sein. Du musst durchhalten.«

Sahra hingegen schaute mich ängstlich an und wünschte mir »viel Glück«. Ihr Haar war längst nicht mehr so glatt wie sonst. Wir hatten vor lauter Durst nicht schlafen können und kaum noch geredet.

Ich schlüpfte aus dem Wagen, drückte vorsichtig die Tür hinter mir zu. Das Licht auf dem Parkdeck war an, wenn auch nicht mehr so hell. Ich duckte mich, schaute heimlich über die Dächer der Fahrzeuge, kein Wachmann war mehr zu sehen. Wo waren diese Kerle mit den schwarzen Uniformen hin? Ob wir uns hier auf dem Parkdeck über oder unter Wasser befanden? Eine solche Fähre musste tief im Wasser liegen. Aber wie sollten dann die Autos bei der Ankunft wieder einfach an Land fahren können? Ich lief zwischen den Autoreihen hindurch, schaute durch die Seitenscheiben der VWs, Audis und Fords, ob jemand eine Flasche Wasser oder Limo hatte liegen lassen. Vergebens! Die Leute hatten vermutlich ihre Flaschen mit hinauf in die Kabine genommen. Ich war noch nie auf so einem riesigen Schiff gewesen. Meine letzte Fahrt war die mit dem Schlauchboot von der Türkei nach Griechenland. Aber das war keine wirkliche Reise gewesen, schließlich waren wir nur eine halbe Stunde übers Meer geschippert. Das hier aber war kein Schlauchboot, es war ein riesiges Schiff, eine Insel aus Eisen, ein Kosmos mit zig Stockwerken, mit Fahrstühlen und Tausenden Passagieren. Und ganz unten in dieser Maschine waren wir und verdursteten. Die Luft war wie aus Metall, warmem Metall. Wie viele Tausend Autos hier wohl schon geparkt hatten? Der Boden unter mir war aus Stahl. Alles war Stahl.

Nachdem ich schon zig Wagen abgeklappert hatte, schaute ich, hoffnungslos mittlerweile, in einen weißen Peugeot, in dessen Mittelkonsole eine Halbliterflasche Wasser steckte. Wasser! Der Wagen war verschlossen. Verdammt! Ich hatte nicht einmal eine Eisenstange, um diese verdammte Scheibe einzuschlagen.

Da ertönte ein Warnsignal!

Ich zuckte zusammen.

Für eine Sekunde war ich davon überzeugt, es sei die Alarmanlage des Peugeots. Dabei hatte ich die Karre überhaupt nicht berührt. Dann wurde mir klar: Es war die Sirene der Fähre! Ich musste zurück zum Toyota. Aber wo stand er? Ich schaute über die Dächer, fand ihn nicht. Mir brach der Schweiß aus. Ohne Khalil würde ich hier niemals herausfinden und ohne Sahra wollte ich nicht weggehen. Ich hätte heulen können. Mein Mund war verklebt, meine Beine schwer, ich rannte an den Wagen entlang, eine endlose Blechlawine war das. Ich dachte, ich würde Sahra und Khalil nicht mehr finden. Gleich würden wir anlegen, und dann würde die große Hektik auf dem Parkdeck beginnen, die Leute würden aus den Zugängen auf das Deck strömen, Plastiktüten, zollfreie Waren, Gepäck in der Hand, jeder würde sein Auto suchen.

Ich wollte ruhig bleiben und schaltete das Handy an, wollte Khalil anrufen. Es hatte immer noch keinen Empfang und kaum noch Akku. Verdammt! Wo waren die beiden? Wo war dieser verfluchte Toyota? Ich rannte halb geduckt zwischen den Autos entlang und sah plötzlich die Köpfe der Wachleute. Sie postierten sich an den Wagen und schauten sich um. Ich duckte mich. Einer der Wachleute erschien in meiner Reihe und ich kroch blitzschnell unter einen VW-Touran. Ich wartete, sah die Füße der Wächter, das schmutzige Blech über mir, die Achse. Hoffentlich würden die Wachleute gleich verschwinden. Ich musste hier raus, bekam kaum noch Luft. Ich fühlte mich, als würde der Wagen gleich auf mich niederstürzen.

Ein zweites Mal ertönte die Sirene. Jetzt öffneten sich die Türen zu den Parkdecks, denn es wurde augenblicklich laut. Ein Kind schrie, Autos piepsten auf, es ging zu wie in einem Ameisenhaufen. Ich kroch unter dem Wagen hervor, schaute mich um, spürte meine Zunge nicht mehr. Ich hatte unglaublichen Durst und rief gegen jede Vorsicht verzweifelt: »Sahra! Khalil!« Tatsächlich, nur eine Reihe entfernt entdeckte ich die beiden. Sie hörten mich nicht, sahen mich nicht, aber ich konnte sie sehen.

Khalil redete mit einem Mann, der fast so groß war wie er selbst. Der rief laut: »Security!«, woraufhin Khalil ihn schubste und wegrannte. Sahra blieb stehen. Ich musste zu ihr! Wahrscheinlich wartete sie auf mich. Ich kämpfte mich zwischen den Menschen hindurch und hatte nur noch Sahra im Blick. Jetzt sah ich auch den kleinen Jungen auf dem Arm der Mutter. Sie holte gerade den Kindersitz vom Fahrersitz, stellte den schreienden Jungen ab, während sie den Kindersitz auf die Rückbank legte, und setzte ihren Sohn darauf.

Die Security kümmerte sich nicht um Sahra, nicht um mich, sondern verfolgte Khalil, der zwischen den Autos hindurchlief, auf eine Motorhaube sprang, über das Dach des Wagens rannte wie in einem Actionfilm, zum nächsten Wagen sprang, einen Wachmann wegtrat und schließlich aus meinem Sichtfeld verschwand. Die Besitzer der Wagen, deren Dächer verbeult waren, schrien, als habe er sie geschlagen! Alle schienen zu schreien.

Der Mann vor mir fragte mich etwas. Es war Deutsch.

Ich verstand damals schon ein paar Brocken, aber ich konnte sie nicht zusammenfügen. Ich glaube, er wollte wissen, ob wir in ihrem Wagen geschlafen hatten. Und wo ich herkam. Er war aufgeregt. Dabei konnte ihm nichts passieren. Dann fragte seine Frau auf Englisch, ob wir in dem Wagen geschlafen hätten, während der Junge auf dem Rücksitz seinen Porsche in der Hand hielt und zufrieden lächelte.

»I am afraid«, sage ich. »Help us, bitte. Ich bin aus Syrien und …«

Die Mutter sagte »Go away!« und winkte uns mit der Hand weg. Ich glaube, sie wollte uns nur helfen, damit wir nicht von der Security erwischt würden.

Sahra und ich taten, was sie sagte. Wenn wir jetzt auffallen würden, wären wir geliefert. Khalil hatte den Wachmann niedergeschlagen, ihn vermutlich getötet. Sie würden uns für die Mörder halten. Das blasse Gesicht des Riesen in seiner schwarzen Uniform tauchte wieder vor meinem inneren Auge auf. Der Stein neben ihm.

Wir gingen möglichst ruhig zwischen den Autos Richtung Ausgang, Richtung Licht. Es war ein ungeheurer, stinkender Strom an Fahrzeugen. Einige ließen schon ihre Motoren an, obwohl sie nicht losfahren konnten. Wir wollten das Schiff durch sein riesiges geöffnetes Maul verlassen wie einst Jona den Wal. Ich hatte Angst. Meine Knie waren weich. Schweiß stand auf meiner Stirn. Wo war Khalil? Ich hatte unendliche Angst, sein Schicksal zu erleiden. Sicherlich war er gefasst worden, die Hände hinter dem Rücken zusammengebunden. Der Prophet Jona lehrt uns, dass wir zu Allah beten müssen, um den Bauch des Wales zu verlassen. Ich murmelte: »Vater unser im Himmel, geheiligt werde dein Name ...«, und stockte. Ich hatte das Vaterunser vergessen. Ich musste beten. Nur Gott würde mir jetzt noch helfen können. Mit den Baptisten hatte ich gebetet, und ich sprach weiter: »Im Namen Allahs, des gnädigen und barmherzigen.« Die Eröffnende. Die erste Sure. Das Gebet. Die Autos setzten sich auf ein Kommando in Bewegung, wurden durchgewunken. »Alles Lob sei Allah, dem Herrn der Welten ...« Wir schauten zu einem Wachmann, während ich weiter die erste Sure aufsagte. »... dem Allerbarmer und Gnädigen, dem Herrscher am Tag des Gerichts!« Und der Security-Mann beachtete uns nicht. Schützte uns das Gebet? Ich wurde lauter: »Dir alleine dienen wir, und Dich bitten wir um Hilfe. Führe uns den geraden Weg ...« Alles um uns herum bewegte sich. Keiner durfte anhalten, sonst würde der Strom ins Stocken geraten. Die Gesichter der Kinder, Sonnenblenden an den Scheiben. Sahra zog mich zur Seite, eine alte Frau schimpfte aus dem Fenster ihres Wagens heraus. Schwedisch, Dänisch.

Ich schaute nach vorne, blickte auf den stählernen Boden der Fähre, der leicht vibrierte, Sahra ging halb vor. »Führe uns den geraden Weg derer, denen Du Gnade erwiesen hast, nicht den Weg derer, die Deinem Zorn verfallen sind und irregehen!« Alles war in Bewegung, wurde hinausgespült aus diesem Maul, an Land gespuckt. »Und führe uns nicht in Versuchung, sondern erlöse uns von dem Bösen.« Ich erinnerte mich wieder an das Vaterunser, die helle Kirche im Herzen Athens. Sahra drückte meine Hand fester. Sie schwitzte, und plötzlich hatten wir Asphalt unter den Füßen, Erde. Ich hatte selbst Angst, aber ich musste Sahra schützen, lief mit ihr hinüber zu den Lastern, die am Rand des Platzes vor der Anlegestelle parkten. Wir schlichen uns an ihnen vorbei, stiegen durch ein Loch im Zaun und verließen so das abgeriegelte Gelände. Vorbei. Es war einfach vorbei! Wir hatten es geschafft.

Sahra strahlte.

»Das war einfach«, sagte ich.

»Hast du eben Amen gesagt?«, fragte sie mich.

»Wieso?«

»Sag, hast du eben gebetet?«

Ich gab es zu. Eigentlich bin ich nicht gläubig. Und trotzdem …

»Wo ist Khalil?«, unterbrach Sahra meine Gedanken.

Sie schaute zurück durch den Zaun. Aber von unserem Freund war weit und breit nichts zu sehen. Nur die Laster und die Schlange der Autos, die sich Richtung Ausfahrt quälten. Dort wurden vermutlich ihre Papiere kontrolliert. Oder auch nicht? Ich hatte keine Ahnung – und konnte mich nur wundern, dass sich keiner um uns gekümmert hatte. Niemand war da gewesen, der uns hätte aufhalten oder kontrollieren wollen. Es war wie ein Geschenk. Aber Khalil hatten sie sicherlich festgenommen.

Wir liefen die Straße entlang, auf der die Autos an uns vorbeirasten und uns anhupten. Rechts und links des Weges war ein Zaun. Wir konnten gar nicht anders, als diese Straße entlangzugehen.

»Wir müssen hier weg«, sagte ich zu Sahra. »Zu gefährlich!«

»Sind wir in Italien?«, fragte sie mich.

Ich wusste es nicht, sagte aber »Ja«.

Sie sagte: »Ich habe Durst. Ich kann nicht mehr.«

So standen wir in Ancona auf einer der Zufahrtsstraßen zu den Fähren und wussten nicht, in welche Richtung wir laufen sollten, woher wir Wasser bekommen würden. Ich spürte die unendliche Trockenheit in meinem Mund, die Säure, die immer wieder hinter der Zunge hinaufkroch, während die Sonne hier im Norden von Italien heißer brannte als in Griechenland.

»Wartet!«

Es war Khalils Stimme, die wir aus der Ferne hörten. Sie war lauter als die Autos. Wir drehten uns um und da kam er angelaufen. Wie war er der Security entkommen? Dicht an uns vorbei rauschten die Autos. Der Windhauch war spürbar. Khalil hielt eine Flasche in der Hand. Es war eine Zweiliterflasche Cola light.

Ich fragte nicht, was passiert sei, beachtete nicht mehr die Fahrzeuge, die dicht an uns vorbeirauschten, sondern trank diese warme süße Cola, teilte sie mit Sahra. Dann gingen wir hinüber auf die andere Seite der Straße und fanden wieder ein Loch im Zaun, das auf ein Baugelände führte. Der Geschmack in meinem Mund war süßlich. Ich war nicht mehr durstig und hatte dennoch Durst.

Khalil erzählte, dass ihn gar nicht die Griechen, sondern italienische Wachleute gefasst hätten, als er vom Parkplatz über den Zaun klettern wollte. »Sie haben mich sofort wieder laufen lassen. Einer von den Grenzern hat mir die Cola gegeben. Er sagte: ›Mach, dass du hier wegkommst.‹ Ich wusste nicht, was ich tun sollte, und sie sagten mir, ich soll mich in einen Zug setzen und möglichst nach Frankreich, Österreich, Deutschland oder sonst wohin fahren, nur nicht in Italien bleiben. Italien sei nicht gut für mich. Sie wollten mich überhaupt nicht aufhalten.«

In Griechenland hatten sie uns erzählt, dass die Grenzbeamten in Italien nicht nett seien. Sie würden einen sofort einsperren. Scheinbar hatten sie ihre Taktik jedoch geändert. So standen wir jetzt zu dritt auf dem Baugelände am Rand der Straße. Hier regte sich kein Kran und kein Bauarbeiter war zu sehen. Ob in Italien Feiertag war? Wir wussten es nicht, wir wussten nur, dass wir uns erst einmal eine Karte fürs Handy besorgen mussten. Über den toten Wachmann redeten wir nicht mehr. Oder war er gar nicht tot?

Meine Gedanken an die Überfahrt und unsere Ankunft in Italien verflüchtigen sich wieder. Ich sitze im Wagen neben Tobias, der vor sich hin flucht, denn er ist schon zwei Mal um den Bahnhof Gare de l'Est gefahren, hat einige Seitenstraßen durchstreift und in diesem unendlichen Regen vergeblich einen Parkplatz gesucht. Es scheint aussichtslos.

»Mach dich mal nützlich«, schimpft er. »Guck aufs Handy und such ein Parkhaus. *Parkhäuser Paris* oder so. Schau bitte mal nach, sonst kreisen wir hier noch ewig um den Bahnhof.«

Tatsächlich zeigt uns sein Handy die Parkhäuser in der Nähe. Das nächstgelegene ist belegt, aber das am Gare du Nord ist noch frei. Und der Gare du Nord liegt nur einen Katzensprung vom Gare de l'Est entfernt.

Es stinkt beißend nach Männerurin im Aufzug, der uns vom zweiten Parkdeck hinunter ins Erdgeschoss bringt.

»Gut, dass ich 2000 Euro abgehoben hab«, mosert Tobias, als er die Preisliste am Parkhausausgang überfliegt. »Lange sollten wir nicht wegbleiben, sonst sind wir nämlich pleite.«

Ich habe mir eine Plastiktüte auf den Kopf gesetzt und sie an den Rändern umgekrempelt, um nicht vom Regen aufzuweichen. Die Leute um uns herum haben Schirme. Fast alle grau oder schwarz gekleidet, bevölkern sie den Gehweg. Vorbei am Gare du Nord, dem Postamt. Tobias spricht davon, dass in Paris zumindest die Parklücken in den Parkhäusern breiter seien, in Deutschland gebe es Probleme damit: »Die Autos werden seit den 70er-Jahren immer bulliger, aber die Parklücken stammen halt noch aus der Zeit davor, als die Autos schmaler waren.« Während ich neben Tobias herlaufe und er belangloses Zeug redet, muss ich an Khalil denken. Ob er immer noch so ein Bulle ist? Groß und breit wie ein durchtrainierter Schwergewichtsboxer? Ich habe mir den Kampf Tyson Fury gegen Wladimir Klitschko angeschaut. Eine Wand ist dieser Klitschko und eine Wand ist auch Khalil. Um ihn umzulaufen, braucht man eine Herde Ochsen.

Am Platz vor dem Hotel Picardy herrscht wie üblich Verkehrschaos. Mehrere Straßen treffen hier aufeinander und irgendein Autofahrer ist wieder mal zu spät auf die Kreuzung gekrochen und blockiert alles. Nur nachts sind diese Straßen frei, nachts, wenn wir in der

Bahnhofsgegend unterwegs waren. Es gefiel mir hier, die Polizisten waren nicht so scharf wie die am Montmartre oder in der Gegend von Notre Dame. Jetzt hat sich das vermutlich alles verändert, nach den Anschlägen herrscht Ausnahmezustand, Leute können ohne wichtigen Grund festgenommen und verhört werden. Die Franzosen haben Angst um ihr Frankreich.

Wir gehen direkt auf das Gebäude des Ostbahnhofs zu. Es sieht aus wie ein Tempel, umzäunt von einem zweieinhalb Meter hohen Zaun. Die Uhr auf dem Vordach zeigt 16:15 Uhr. Ganz oben auf dem Gebäude thront ein König oder Heiliger, so genau kann ich das in dem Regen nicht erkennen. Als ich hier gelebt habe, hatte ich überhaupt keinen Blick für solche Dinge. Mir war nicht einmal klar, dass dort überhaupt eine Uhr hing und der umzäunte Platz vor dem Bahnhof so groß ist. Ich habe nur auf mein Handy geschaut. Ich glaube, dass es damals auch noch keinen Abstellplatz für Motorräder und Vespas gegenüber dem Bahnhof gab und nicht die sauberen Spurbegrenzungen. Alles scheint mir ordentlicher, sogar die vermüllten Blumenkübel. Tobias läuft neben mir und sieht aus wie ein Typ aus dem Getto. Einzig die japanischen Schriftzeichen auf seiner Motorradjacke sind ungewöhnlich.

Ich nehme die Tüte vom Kopf, lege sie auf einen Mülleimer. Der nächste Wind wird sie auf den Platz oder über den Zaun wehen. Ein Polizist schaut mich scharf an. Ich nehme die Tüte wieder vom Mülleimer herunter, halte sie in der Hand. Ich will nicht, dass der Polizist mich anspricht und nach meinen Papieren fragt. Vor zwei Jahren hätte es hier niemanden interessiert, ob ich Müll wegwerfe. In Köln interessiert es auch niemanden. Die Stadt ist so schmutzig wie Istanbul und in Ehrenfeld leben auch genau so viele Türken. Wir gehen auf die Schwarzafrikaner und Araber zu, die sich direkt am Eingang tummeln. Es sind mehr als früher, aber schon von Weitem sehe ich, dass Khalil nicht dabei ist. Aus keinem der Gesichter kann ich seins herauslesen.

»Wo ist denn dein Freund?«, will Tobias wissen. »Ich hoffe, er hat uns nicht verarscht.«

»Das würde er nicht tun.«

»Stimmt. Er will ja mein Geld.« Tobias sagt es zynisch.

Ich schreibe eine WhatsApp von Tobias' Handy.

Khalil antwortet sofort: »Dreh dich um!«

Hinter uns stehen zwei Araber in langen hellen Gewändern mit Bärten, einer rot, einer dunkelbraun.

»Khalil?«, frage ich den braunbärtigen und sehe jetzt erst seinen verkrüppelten Finger. Als er auf mich zutritt, fällt mir auf, dass er noch mächtiger geworden ist. Er trägt einen schwarzen, hochgeschlossenen Pulli unter dem weiten Umhang, der ihm bis hinunter zu den schwarzen Schuhen geht. Mir fällt auf, dass er darunter einen schwarzen Rollkragenpullover trägt. Ist er ein Salafi, ein Salafist? Der die Kleidung der Frommen aus der Zeit des Propheten trägt? Ich überlege, ob ich ihm die Hand geben oder ihn umarmen soll. Ich weiß es nicht und hebe ein wenig die Hand. Gerade als ich Tobias vorstellen will, sagt Khalil: »Was ist denn, Bruder? Macht mich der Bart fremd?«

So nehmen wir uns in die Arme. Das haben er und ich noch nie getan. Selbst als wir uns getrennt haben, als ich in den Zug nach Deutschland stieg und er den Blick von mir abwandte, gab es keine Verabschiedung. Nur die Handynummern waren uns damals geblieben. Ich wollte ihn nie wieder sehen. Und er mich …?

Khalils rotbärtiger Freund ist jener Jamal aus Seine-Saint-Denis. Er hat eine sehr rundliche Nase mit Sommersprossen darum herum wie ein Kind. Der voluminöse Körper unter dem Umhang scheint weich und wabbelig. Er gibt nur mir die Hand. Weder er noch Khalil begrüßen Tobias, der wie bestellt und nicht abgeholt neben uns steht und seine Kapuze abstreift.

Khalil redet und stellt sich nun doch Tobias vor. Er spricht kurz mit ihm in Englisch. Dabei fährt er sich immer wieder durch den Bart. Besonders sprachbegabt war Khalil noch nie. Ich konnte mich schon mit den Leuten auf der Straße in Französisch unterhalten, da hatte er gerade erst begriffen, was *Sortie* heißt. Er fragt Tobias, ob er Paris kenne. Er müsse wissen, dass Khalil und ich gute Freunde seien. Wer mir schade, der schade auch ihm im Herzen. Brüder seien wir im Geiste und im Glauben. Er würde mich jederzeit verteidigen und mir helfen. Mehrmals sagt er zu Tobias »Believe me«.

Ich schaue Khalil von der Seite an. Sein Kreuz ist noch mehr gewachsen und der Bart verdeckt sein Kinn. Er sieht nicht mehr ganz so brutal aus wie früher. Ich vermute, er wiegt fast 130 Kilo und könnte Tobias mit einem Hieb den Kopf vom Rumpf trennen. Tobias wirkt winzig und unbedeutend neben ihm. Was er wohl denken mag? Ob er Angst vor Khalil hat? Zwischendurch wirft Khalil ein oder zwei arabische Worte ein, wenn ihm die englischen fehlen. Er hat nur vier Jahre lang eine Schule besucht. Ich frage mich, woher er das neue iPhone hat, dass er aus der Tasche holt. Er zeigt uns ein Foto von seiner Frau und seinem Sohn! Khalil hat geheiratet und ein Kind? Ich kann es kaum glauben und gratuliere ihm. Der Kleine liegt auf ihrem Arm, sie ist nicht zu sehen, jedenfalls nicht ihr Gesicht. Sie hat es verschleiert.

Das Foto wurde auf einem Basar aufgenommen, denn hinter ihnen ist ein Kleiderständer und ein Obstladen zu sehen. Khalil muss seine Frau, die er Soraya nennt, direkt kennengelernt haben, als wir uns getrennt haben.

Er zeigt auf das Foto und sagt zu Tobias: »My wife and my daughter.«

Tobias nickt.

»Warst du schon mit Soraya zusammen, als ich noch in Paris war?«, frage ich Khalil.

Der lacht. Er hat rechts keine Backenzähne mehr. »Du hast damals nichts mitgekriegt«, sagt er. »Gar nichts. Du hattest den Kopf voll mit Sahra und deiner Weiterreise nach Stuttgart zu deinem Onkel. Wie geht es ihm?«

»Zu gut für einen schlechten Menschen«, sage ich.

»Erzähl.«

»Nein.«

»Ich habe dir doch gesagt, dass du dich auf ihn nicht verlassen kannst. Er ist ein Christ. Er mag uns Muslime nicht.«

»Lass uns das Thema wechseln.«

Er akzeptiert, dass ich nicht weiter über Amer reden möchte.

Ich sehe Tobias, der immer noch auf Khalils Handy schaut. Bestimmt denkt er, dass Khalil seine Frau unter diesem Kopftuch eingesperrt hat: Kinder, Küche, Kopftuch. Tobias ist gegen jede Bevormundung der Frau. Das sagt er zumindest, und zum Kopftuch meint er nur: *Die deutschen Männer haben früher ihre Frauen auch eingesperrt. Das nannten wir Kinder, Küche, Kirche. Oder kurz CDU.* Ich mag Tobias, auch wenn er jetzt nicht gerade nett aussieht, sondern eher genervt. Schließlich versteht er kein Wort Arabisch.

»Wollen wir gehen?«, fragt mich Khalil.

»Warum nicht?«, sage ich.

Wir gehen vom Gare de l'Est am Holiday Inn vorbei. Vorne ich und Khalil, dahinter Tobias und Jamal. Was mich ein wenig wundert, ist seine Kleidung. Dass wir den Schirm vergessen haben, konnte in der Hektik passieren. Dass ich keine Jacke mit Kapuze mitgenommen habe, ist eine Dummheit, aber warum haben Khalil und Jamal keine Schirme? Die langen Kleider sind doch im Nu durchnässt und es wird kalt darunter. Für die Passanten sind wir vier Idioten, die den Unterschied zwischen trocken und nass nicht verstanden haben.

Ich frage Khalil, wo denn nun Sahra sei. »Ich will sie sehen.«

»Du wirst sie noch früh genug treffen. Jetzt lass uns erst einmal ein bisschen reden. Darüber, wie es dir in Deutschland geht. Wir hören hier viel über Angela Merkel. Sie ist für unsere Sache. Ich mag sie.«

»Sie ist ein guter Mensch«, sage ich.

»Sie öffnet ihr Land für uns. Wenn wir erst genügend sind, werden wir eine große Partei des Volkes sein.«

»In Deutschland?«

»Ja, genau.«

Ich weiß nicht, warum Khalil über Politik redet. Er ist

davon überzeugt, dass die Muslime in Deutschland bald eine Partei gründen werden, und dann würden sie bald auch die Wahlen gewinnen. So habe es Erdogan ebenfalls gemacht. Er treibe unsere Sache voran, in der Türkei und in Deutschland. Die Demokratie sei mit uns, denn in der Demokratie bestimme die Mehrheit. Und bald seien wir in der Mehrheit. Wir müssten als Erstes die Schulen ändern, damit die Kinder endlich mehr über den Koran in der Schule lernen könnten, so wie in der Türkei an allen Ecken und Enden Imam-Hatip-Schulen gegründet würden. Erdogan sei ein guter Präsident, ein Stratege.

Khalil schwärmt von Erdogan. Schließlich finde dieser die Gleichberechtigung der Geschlechter auch wider die Natur. Er sei ein beharrlicher Kämpfer für einen Islamischen Staat. Das müsse auch in Deutschland möglich sein. Khalil kennt Deutschland nicht; er weiß nicht, dass die Deutschen einen solchen Umschwung in ihrem Land nicht wollen. Gut, dass Tobias nicht hört, was er sagt. Egal wie laut Khalil über Politik redet, Tobias hat keine Chance, etwas zu verstehen. Ich höre, wie Tobias Jamal kurz auf Englisch anspricht, aber der reagiert gar nicht. Ob er überhaupt Englisch kann?

»Wohin gehen wir?«, will ich von Khalil wissen.

»Zu mir. Wir sollten noch einen Block weiter laufen. Von dort können wir die direkte Metrolinie nach Seine-Saint-Denis nehmen.«

Früher sind wir nie mit der Metro gefahren, selbst die 1,80 Euro für eine Einzelfahrt waren uns zu teuer.

»Du hast eine Wohnung?«

»Ein Zimmer. Unser Imam kümmert sich. In einigen Arrondissements helfen wir uns selbst und besetzen Gebäude. Es verändert sich etwas in Paris.«

Seit ich in Deutschland bin, ist mir Frankreich egal. Schließlich ist das Gerede von Freiheit, Gleichheit, Brüderlichkeit bloß eine Lüge. Denn wer lebt in den armen Vierteln? Die Reichen? Die Weißen? Oder sind es die Araber und Afrikaner? Die kalte Wut steigt in mir hoch.

»Basil said«, wendet sich Jamal überraschend an Tobias, »that you are a journalist.«

Tobias bleibt stehen. »Yes.«

Der Bürgersteig ist breit.

Plötzlich stehen wir hier zusammen wie eine verschworene Gemeinschaft im Strom der Passanten, der in die Metrostation neben uns abtaucht. Mir ist kalt. Warum gehen wir nicht auch nach unten? In der Metro fällt kein Regen und geht kein Wind.

Khalil schaut Tobias sehr direkt an. »You are afraid of beards?«

»No«, sagt Tobias. Ich kenne Tobias. Er versucht den Angriff von Khalil einfach wegzulächeln.

Doch Khalil setzt in gestochen scharfem Englisch nach: »I hate journalists. They lie.« War es bislang nur ein unterschwelliger Angriff gegen meinen Freund, so geht Khalil nun direkt mit Worten auf Tobias los.

Dessen Miene ist starr. Er entgegnet möglichst locker: »It depends on the journalist.« Der Regen hat seine Haare vollständig durchnässt. Wie ein nasser Hund steht er vor Khalil, der ihn in einer Tour anlächelt. Warum provoziert Khalil Tobias? Es gibt keinen Grund. Er hat ihm nichts Böses getan.

»That's true«, erklärt Khalil.

Die beiden schauen sich ernst an, bis Khalil seinen Blick wieder auf mich lenkt und auf Arabisch erklärt: »Ich mag nicht nur keine Journalisten, sondern auch deinen Freund nicht. Er trägt keinen Bart. Ich glaube, er hat gar keinen Bartwuchs. Du weißt, dass den Bart zu rasieren haram ist. Denn wie sagt der Prophet: *Kürze deinen Schnurrbart und lass deinen Bart wachsen*. Das solltest du auch beherzigen.« Dabei tätschelt mir Khalil die Wange. Mir ist nicht wohl dabei, doch ich bleibe freundlich. Warum erzählt er mir nicht einfach, wo Sahra ist, nimmt die 2000 Euro und lässt Tobias und mich in Ruhe?

Wir steigen in die Metrostation. Im Zug schweigen alle. Das Rattern der Räder ist gleichmäßig wie eine Uhr mit einem Pendel. Nur das Quietschen an den Stationen beunruhigt mich. Ich muss daran denken, wie ich mich einmal nachts hier unten mit Khalil habe einschließen lassen, um in einer der Nischen zwischen den Betonpfeilern zu übernachten. Aber die Metro-Security hat uns erwischt und rausgeworfen.

Tobias fragt, warum wir zu Khalil fahren.

Auf Arabisch sagt Khalil: »Freunde laden wir immer zum Essen ein.« Dabei schaut er mich an. »Oder macht ihr Deutschen das nicht?«

»Was meinst du damit?«, frage ich ihn.

»Dass du schon ein richtiger Deutscher geworden bist.«

Was soll das heißen? Ich würde ihn am liebsten fragen, aber ich schweige. Khalil ist aggressiv. Sogar gegen mich. Er brennt wie eine offene Wunde. Tobias starrt derweil auf den Bildschirm, der über uns hängt. Ich weiß, dass er Khalil nicht vertraut und auch nicht Jamal, der neben ihm sitzt und über den Sitz quillt. Tobias erhält eine Nachricht und schreibt eine Antwort. Zumindest ist er so abgelenkt. Ich möchte jetzt nicht übersetzen, was Khalil eben gesagt hat. Die Atmosphäre ist aufgeladen, als könnte jeden Moment eine Bombe hochgehen.

»Er ist gefährlich«, sagt Khalil laut zu mir und meint damit Tobias.

»Der tut keinem was«, widerspreche ich. »Der ist brav wie Henne Merkel.«

Wir lachen über meinen Witz und die Kanzlerin, die

tatsächlich wie eine Henne aussieht. Khalil erklärt, dass viele Franzosen diese Frau nicht mögen, weil sie glauben, dass die ganzen Muslime später von Deutschland aus einfach nach Frankreich kommen könnten, weil es keine Grenzen zwischen den Ländern gibt. »Du solltest dich von deinem Freund trennen und nach Paris kommen. Ich glaube, er hat gar keine Eier in der Hose.« Wieder lacht Khalil. Aber diesmal lache ich nicht mit.

»Es ist nicht gut, über einen Freund zu lachen«, sage ich, obwohl ich eben selbst einen blöden Witz gemacht habe.

»Dann zeig mir seine Eier!«, sagt er und findet es weiterhin witzig. Als Khalil jedoch begreift, dass es mir ernst ist, schaut er stumm vor sich hin und meint: »Es sind noch sechs Stationen.«

»Ich wusste nicht, dass du so ungläubig bist«, sage ich. »Du solltest nichts Schlechtes über Menschen sagen, die es nur gut meinen.«

»Allah ist immer mit uns – überall«, erwidert er. »Ich werde für unsere Sache kämpfen, und koste es mein Blut.«

Warum ist Khalil so bitter? Warum stellt er die Worte des Propheten in das Licht des Krieges? Meine Eltern haben die Worte des Propheten nie mit Hass erfüllt.

»Ich höre dich«, sagt Khalil.

Was meint er damit?

»Ich kann deine Gedanken hören.« Er drückt mir seinen Zeigefinger auf die Schläfe. »Du bist ein Zweifler. Das darfst du nicht sein, sonst bist du am Ende nicht mehr als ein Jude. Die hadern auch ewig mit sich und der Welt. Du brauchst ein Ziel und eine Erlösung.«

Jamal meint: »Khalil ist selbst ein Prophet, er kennt die Zukunft und die Gedanken der Menschen.«

»Ja, ich sage dir, gleich wirst du aussteigen.« Dabei lacht Khalil über sich selbst und Jamal lacht mit ihm. Sogar Tobias grinst verlegen, obwohl er kein Wort versteht, aber er möchte der Situation entsprechend reagieren.

Der Zug hält, die Türen saugen sich zur Seite und wir steigen aus.

Ich dachte, es seien noch fünf Stationen. Aber anscheinend hat sich Khalil für einen anderen Haltepunkt entschieden. Oder veralbert er uns?

Als wir die Metrostation verlassen, befinden wir uns eingepfercht zwischen Hochhäusern am Ende von Paris, falls diese Stadt überhaupt einen Anfang und ein Ende hat. Hier am Stadtrand wachsen die Ideen in den Hochhausfluren, den schäbigen Wohnungen, wo die Leute nichts zu verlieren haben, zwischen den Wänden, hinter Graffitis und dem Prediger mit dem Megafon, der von seiner Revolution spricht. Die Religion ist der Mörtel zwischen den Steinen der Außenbezirke.

»Du musst mit uns in Paris bleiben«, wiederholt Khalil. »Du gehörst an meine Seite, Bruder.«

»Ich will Sahra sehen, nicht mehr«, sage ich. »Und ich habe wenig Zeit, denn Tobias hat Stress zu Hause. Er hat Streit mit seiner Frau.«

»Der Eierlose hat eine Frau? Hat er etwa auch noch einen Sohn?«

»Das ist nicht witzig.«

»Ja, wir wollen endlich wissen, wo Sahra ist«, mischt sich Tobias auf Englisch ein, als habe er unsere Unterhaltung verstehen können. Vermutlich hat er aber nur Sahras Namen und seinen eigenen verstanden – und dann hat er kombiniert. Er will endlich weg von hier. Das merke ich ihm an. Khalil und Jamal sind ihm unsympathisch und nicht geheuer. Tobias' Augen sind schmal wie Schießscharten, so sehr nervt ihn der Regen in den Augen. Wieder wischt er sich das Wasser vom Gesicht.

»Ihr kommt erst einmal mit zu mir«, erklärt Khalil jetzt auf Englisch.

Jamal nickt. Sein fetter Bauch spannt vorne unter dem Umhang wie bei einem Wet-T-Shirt-Contest. Der dunkelblaue Pulli darunter ist genau zu sehen. Ihm muss kalt sein. Tobias und ich haben immerhin Jacken an.

»Warum sollen wir erst mit zu dir kommen?«, fragt Tobias.

»Weil ich es dir gesagt habe«, erklärt Khalil und bleibt stehen. Er ist einen halben Kopf größer als Tobias und schaut ihn nun von oben herab an, als würde er einen Hund betrachten. Ich stehe daneben und beobachte das Geschehen wie aus weiter Ferne. Ich weiß, diese Szene wird kein gutes Ende nehmen. Kein Mensch ist mehr auf der Straße. Hier bleiben die Leute zu Hause, wenn es regnet, hier gibt es keine Touristen mehr. Hier wohnen Araber und Afrikaner.

Khalil macht eine Kopfbewegung, dass wir ihm folgen sollen. Die Häuser sind alle im Halbkreis gebaut. Auf eine Wand haben sie in Graffiti geschrieben: *Früher haben sie Waffen für die Kriege produziert. Heute produzieren sie die Kriege für ihre Waffen.* Darunter steht in Englisch: *Fuck the Americans! Hate the Americans! Fuck the USA!* Die Häuser wurden bestimmt erst vor wenigen Jahren fertiggestellt, aber sie sind schon völlig verwohnt. Trotz des strömenden Regens ist klar, wie schmutzig hier alles ist. Wir ziehen uns in eine Nische zwischen zwei Häusern zurück. Das Licht der Laterne reicht nicht bis hierher. Es gibt eine winzige Überdachung, unter der Khalil und Tobias nun stehen, während Jamal und ich den Regen abkriegen. Mittlerweile ist mein Schädel wirklich eingefroren. Fehlt nur noch, dass es zu hageln beginnt.

Ich will hier weg!

Hinter den Wänden wohnen garantiert keine glücklichen Menschen, sondern Leute, die für ein paar Euro alles tun. Tobias denkt bestimmt das Gleiche, aber wir sind gefangen in dieser Geschichte. Manchmal sieht man in einem Film, wie der Held in einen dunklen Hauseingang läuft und dann eine noch dunklere Wohnung betritt. Man weiß genau, dass gleich etwas Schlimmes passiert, dass er niemals dorthin laufen sollte. Aber der Held geht trotzdem hin. Und jetzt stehe ich hier und bin selbst gefangen. Ich traue mich nicht, Khalil zu sagen, dass ich fortwill, einfach weglaufen aus dieser Geschichte.

»Zeig mir das Geld«, fordert Khalil Tobias auf.

»Hier?« Tobias fühlt sich unsicher.

»Warum nicht? Zeig es mir.«

Tobias greift in seine Lederjacke. Er will das Portemonnaie herausziehen, da hält Khalil seinen anderen Arm fest und boxt ihm gleichzeitig mit dem Ellbogen in den Magen. Ehe ich noch reagieren kann, ist Tobias schon auf die Knie gesunken. Khalil drückt Tobias' Gesicht gegen die Backsteinwand, die rot wie Blut ist, und schreit ihm auf Arabisch entgegen, dass er ein Ungläubiger sei.

»Hey! Was soll das?!«, röchelt Tobias und erhält einen Tritt in den Rücken.

»Shut up!«, schreit Khalil.

Tobias ist augenblicklich still.

Noch immer stehe ich vor dieser Szene, als würde mich der Regen nicht berühren, als sei ich kein Teil dieser Welt, als hocke Tobias auf einer Bühne und schon in der nächsten Szene des Stücks könnte alles wieder in Ordnung sein, der ganze Horror sich in Luft auflösen.

Jamal lacht im Licht der Laterne wie ein Monster. Sein roter Bart ist Feuer und seine gelben Zähne wirken braun. Wie einfach gestrickt muss ein Mensch sein, um wie Jamal zu sein?

Khalil hält Tobias' Geldbörse in der Hand, nimmt das Geld aus den Fächern, zählt 2000 Euro – und sagt: »Du bist ehrlich. Ich dachte, du bist Journalist?« Dann schaut er mich an. »Du suchst Sahra?«

Ich sage steif: »Ihre Adresse, mehr nicht.«

»Erst will ich das Geld.«

»Du hast doch sein Geld«, wirft Jamal auf Arabisch ein. Der Satz scheint ihm nur herausgerutscht zu sein, aber Khalil schaut ihn wütend an. »Habe ich dir gesagt, du sollst reden, Bruder? Du sollst dort stehen und aufpassen, dass keiner kommt und sich einmischt. Deine Augen brauche ich, nicht deinen Mund.«

Ich schaue zu Tobias. Er ist eben mit dem Kopf gegen den Backstein geschlagen, seine Wange blutet ein wenig, eine leichte Schürfwunde.

»Was glotzt du diesen Idioten an?«, fragt mich Khalil. »Du kannst doch nicht wirklich sein Freund sein.«

»Doch«, sage ich. »Er hat mir geholfen. Er hat mich hierhergefahren. Das hättest du nicht für mich getan. Du willst sogar Geld für die Adresse von Sahra haben.«

»Da siehst du, was dein Tobias davon hat.« Wieder tritt er ihn in die Seite. Khalils weiches Gesicht wirkt genauso hart wie der Stein. Die Brutalität seines Blickes ist grenzenlos. Liberté, Egalité, Brutalité. Als er damals den Wachmann erschlagen hat, hat er auch so geschaut, als sei er unberührbar und ohne jede Emotion. Tobias rutscht weg und liegt wie ein Kleinkind auf dem Boden. Demütig sagt er: »Bitte tu mir nichts.« Er sagt es auf Deutsch, was Khalil nur zu einem Lächeln und zu der ironischen Frage ermuntert: »Und das soll dein Freund sein, Basil?«

»Was willst du?«, frage ich.

Khalil sagt: »Mehr als diese 2000.« Er wühlt in den Fächern von Tobias' Portemonnaie und findet die EC-Karte. »Damit soll er 1000 Euro für uns abheben. Das machst du doch?!«, fordert er Tobias von oben herab in Englisch auf. Dabei hebt er die Faust, als wolle er auf ihn einschlagen.

Tobias nickt gequält.

Khalil schlägt ihn trotzdem mit der flachen Hand auf die Wange. Es klatscht.

»Er tut es. Lass ihn doch in Ruhe«, sage ich und halte Khalils Arm fest, bevor er noch einmal auf Tobias einschlagen kann.

Khalil schaut auf meine Hand und dann in mein Gesicht. Ich ziehe meine Hand zurück und sage zu Tobias: »Gib ihm bitte deine Geheimzahl und dann gehen wir.«

»Hast du auch eine EC-Karte?«, fragt mich Jamal überraschend. Dieses Schwein ist wirklich ein Schwein!

Ich stottere: »Nein. Äh. Ich, äh …«

»Ich dachte, ihr in Deutschland kriegt eine EC-Karte, wenn ihr Geld braucht. Wie bekommt ihr denn das Geld?«

Jamal redet plötzlich ganz klar, als habe jemand einen Schalter in ihm umgelegt.

»Ich bin noch keine achtzehn Jahre alt«, sage ich.

»Lass ihn!«, faucht Khalil dazwischen. Und zu Tobias: »Du gibst mir jetzt deine Geheimzahl.«

Tobias schaut mich an: »6759.«

Ich wiederhole die Zahl.

»Das soll ich ihm glauben?«, fragt Khalil.

»Er lügt nicht.«

»Es ist seine Arbeit. Er ist Journalist.«

Jamal tritt an Khalil heran und flüstert ihm etwas ins Ohr. Tobias kniet derweil auf dem Boden auf den Kieseln, die in der Ecke liegen. Der Regen ist so heftig, dass die Tropfen auf dem Asphalt wieder hochspringen. Im

Rinnstein sammeln sich Flüsse, die in den Gullis versickern.

Jamal tippt in sein Handy. Dann sagt er: »Wir müssen warten.«

Ich verstehe gar nichts mehr. »Was hast du vor?«

»Das erfährst du noch, Bruder.« Er fasst mir an die Taille und drückt seine Faust gegen mein Herz. »Es wird alles gut. Für dich. Für mich. Für Jamal. Vertrau mir.« Er schlägt ganz kurz, aber heftig gegen meinen Brustkorb. Für eine Sekunde bleibt mir die Luft weg. Ich habe Angst, mein Herz könne stehen bleiben. Einen solchen Schlag habe ich nicht kommen sehen. Ist er wahnsinnig?

Khalil meint zu Tobias: »Don't worry. Come on!« Er reicht ihm die Hand.

Tobias will oder kann nicht aufstehen, woraufhin ihm Khalil eine scheuert. Und ihm dann erneut die Hand gibt. »Get up!« Diesmal kann mein Freund gar nicht anders als aufzustehen, denn Khalil reißt ihn förmlich hoch.

»Alles okay?«, frage ich Tobias, obwohl ich natürlich weiß, dass nicht alles okay sein kann, dass er völlig fertig sein muss. Vermutlich hat er noch nie so viel geballte Aggression erlebt.

»Sei nicht zu nett zu ihm«, sagt Khalil auf Arabisch zu mir, woraufhin ich ihm am liebsten eine scheuern würde. Doch das würde ich ganz sicher nicht überleben. Khalil ist anders als noch vor zwei Jahren.

Wir laufen über die Grünanlagen an den Häusern vorbei. Zuerst humpelt Tobias ein wenig, dann reißt er sich jedoch zusammen.

»Es geht schon, Basil«, sagt er.

Die Schürfwunde auf seiner Wange blutet nicht mehr.

Eine Gruppe Jugendlicher kommt uns entgegen. Es sind Marokkaner oder Algerier, das höre ich gleich. Sie grüßen Khalil und Jamal und fragen, was los ist. Khalil sagt, sie sollen keine Fragen stellen, sondern brav weitergehen, sonst gebe es Ärger.

Dann sagt Khalil zu mir: »Das sind Idioten. Ich könnte dich gut hier gebrauchen. Selbst die Jungen in der Moschee sind nicht schlau.«

Die Häuser sind lang gezogen wie Schlangen. Auf der einen Seite liegt die Straße, wir aber laufen auf der Rückseite, wo es neben schmalen Fußwegen nur Rasen gibt und einen Spielplatz und diesen Regen. Mittlerweile sind meine Jacke und meine Hose endgültig durchweicht. Es nieselt zwar nur noch, aber mir ist kalt. Als wir an eine Kreuzung kommen, warten wir am Straßenrand. Keiner sagt etwas. Ein weißer Transporter fährt vor. Darauf steht die Werbung von einem arabischen Laden in arabischen Buchstaben. Sie verkaufen Lebensmittel und angeblich steckt die Sonne in jeder Frucht.

»Einsteigen«, sagt Khalil.

Er reißt mit einem Ruck die Schiebetür an der Seite auf.

»Keine Angst«, sagt er und grinst mich breit an. Damals in Patras hat er uns an Bord gebracht, jetzt bringt er Tobias und mich in diesen Transporter. Der Fahrer begrüßt Khalil durch die Klappe, die die Fahrerkabine vom Laderaum trennt. Dann fragt er uns: »Muss ich euch fesseln oder setzt ihr euch freiwillig auf den Boden und seid brav?«

Wir bleiben beide stehen, als würde uns das weiterbringen.

»Was wollt ihr eigentlich von uns?«, fragt Tobias auf Englisch.

»Deine Jungfräulichkeit«, entgegnet Khalil.

Der Fahrer kriegt sich gar nicht mehr ein vor Lachen und fragt, wo Khalil uns aufgegabelt habe. Der erklärt ihm, dass ich ein Freund von ihm sei und er daher Respekt vor mir haben solle. Der andere sei nur ein Journalist.

Tobias hat sich anscheinend von dem ersten Schock erholt, jedenfalls steht er jetzt neben mir und meint zu Khalil: »Du hast mein Geld. Was willst du also noch?«

Hat er das Gespräch über die EC-Karte eben nicht mitgehört? Vermutlich ist er einfach zu fertig gewesen. Oder der Schock hat ihm den Verstand geraubt.

»Hörst du schlecht?« Khalil holt aus, als wolle er Tobias aufs Ohr hauen. Dann hält er inne, streichelt dem völlig verängstigten Tobias über die Wange und sagt auf Arabisch zu mir: »Ich werde jetzt zum Bankautomaten gehen und Geld abheben. Du bleibst hier mit deinem Freund. Ich weiß ja nicht, ob seine Nummer stimmt. Übersetz ihm, was ich gesagt habe.«

Ich übersetze es für Tobias. Und ergänze auf Deutsch: »Wir müssen es tun. Dann haben wir es schnell hinter uns. Du hast ihm doch eben die richtige Geheimnummer von deiner Karte gegeben?«

Tobias nickt und wiederholt: »6759.«

»Exactly«, sagt Khalil. »But if the number is wrong …« Er hebt seine Faust und schlägt Tobias damit so heftig gegen die Schulter, dass der ein schmerzverzerrtes Gesicht macht. Ich kann mir vorstellen, wie weh das tut.

»Hast du einen Strick dabei, um die beiden zu fesseln?«, fragt Khalil den Fahrer. Der fragt, ob er glaube, dass dies ein Gefangenentransporter sei. Warum solle er also einen Strick dabeihaben? »Mach hier keinen Mist. Da drüben ist die Moschee. Der Imam kann jeden Moment kommen.«

»Dann fahr ein Stück weiter.«

»Das bestimme immer noch ich«, sagt der Fahrer.

Khalil hat anscheinend keine Lust, sich mit ihm zu streiten, denn der Kerl ist zwar schmalschultrig und sein Bart gleicht eher dem einer Ziege, aber er hat etwas Heimtückisches im Blick wie eine Schlange.

Khalil befiehlt uns: »Legt euch flach auf den Boden. Auf den Bauch!«

Diesmal gehorchen wir, denn Khalil sieht nicht so aus, als würde er ein »Nein« akzeptieren. Ich gehe in die Knie und sinke langsam mit dem Oberkörper nach vorne. Mir ist kalt, alles klebt an mir. Ich muss an das Heim in Köln denken, wie ich davor im Schnee gelegen habe. Dort war es warm, dort hat meine Daunenjacke mich gewärmt, hat meine Mütze mich gewärmt. Jetzt ist die Jacke nass und schwer und ich lasse meinen Kopf langsam auf das Metall sinken.

»Legt die Hände auf den Rücken!«

Ich gehorche wieder.

Khalil und Jamal stehen über uns. Ich war schon einmal in einem solchen Transporter und auch damals habe ich Khalil gehorcht. Er sagte: *Nur der Tod ist der Sieg. Solange dein Gegner atmet, hat er eine Chance.* Was für ein Quatsch! Khalil hat eine tiefe, beherrschende Stimme wie ein Bär. Wenn du sein Freund bist, ist seine Stimme beruhigend, denn sie kann dich beschützen; sein Feind möchtest du nicht sein. Ihm zu widersprechen ist so, als würdest du deinem Vater ein Widerwort geben. Mein Vater war stets größer als ich. Du kannst nie größer als dein Vater sein. Ich höre jetzt, wie Khalil mit Jamal redet, spüre das harte, gewellte Bodenblech unter mir, spüre jeden einzelnen Knochen in meinem Körper und denke an Sahra.

Sie, Khalil und ich hatten uns in den Laster *France-InterTrans* geschlichen und hatten geglaubt, er würde von Genua nach Paris fahren, stattdessen fuhren wir direkt nach Nizza. Meer statt Eiffelturm. Der Geruch von Salz. Jetzt rieche ich Öl und Schmutz, liege auf dem Boden, meine Wange friert fast am Metall fest, und ich müsste Khalil hassen, aber ich kann es nicht. Würde er mich jetzt freilassen, so würde ich einfach weggehen. Doch zuvor soll er mir Sahras Adresse geben.

»Falls sie sich bewegen, trittst du sofort zu«, befiehlt er Jamal. »Wir brauchen keinen Strick, um die beiden festzuhalten.« Und er flüstert ihm auf Arabisch leise zu: »Dieser Deutsche ist ein Schisser wie alle Deutschen. Wer lässt sich schon von einer Frau regieren?« Ich habe gehört, was er sagt, und ich höre Jamal lachen.

Er stellt sich zwischen uns. Wenn er zutritt, bricht er uns alle Knochen. Ich sehe direkt auf seine Schuhsohlen. Sie sind aus grauem Kreppgummi und seine Socken sind schwarz. Ich will gar nicht wissen, was dieser Idiot denkt.

Khalil verlässt den Wagen. Als der Fahrer ihn fragt, was er vorhat, sagt er nur: »Geld abheben. Bin gleich zurück.«

Die hintere Tür knallt zu. Ich kann es nicht sehen, aber ich spüre die Erschütterung am ganzen Körper.

Der Fahrer fragt: »Kommst du klar dahinten, Jamal?«

»Kein Problem. Das sind Krüppel.« Er sagt tatsächlich *Krüppel*. Ich weiß nicht, warum die Sprache der drei so derb ist. In Homs in der Moschee hätte sich niemand einer solchen Sprache bedient. Sie sind schlechte Muslime, schlechte Menschen. Der Boden ist verrostet. Braun sticht der Rost unter dem abgeblätterten weißen Lack hervor. Ich hebe meinen Kopf ein wenig an, denn meine Wange ist taub vor Kälte und ich habe Angst, dass sie auf dem Blech festfriert. Am liebsten würde ich meine Hand zwischen Blech und Wange schieben, aber vielleicht dreht Jamal dann durch. Ich traue ihm alles zu. Er ist ruhig und verrückt. Ich habe schon einmal einen solchen Menschen kennengelernt. Es war ein Wärter im Gefängnis in der Türkei. Ich habe dort drei Monate verbracht, weil sie mich bei der ersten Überfahrt im Schlauchboot gefangen genommen haben. Er hat ganz ruhig einem Afghanen die Hand umgedreht, bis sie gebrochen war. Einem anderen hat er einen Finger nach hinten geknickt. Und immer war er ruhig und sah gemütlich aus. Abends hat er sicherlich vor dem Fernseher gesessen und sich historische Soaps im Fernsehen angeschaut.

Ich spüre Jamals Fuß auf meinem Rücken.

Er sagt: »Dein Freund Khalil hat mir viel von dir erzählt.«

Ehe ich mich überhaupt fragen kann, ob ich etwas sagen soll, tritt er fester auf meinen Rücken. »Betest du?«

»Ich bete.«

»Allahu akbar.« Er wiederholt es lauter: »ALLAHU AKBAR!« Und ich soll es auch sagen, und zwar laut.

Ich schweige. Niemand wird mich zum Beten zwingen, niemand!

»Los, sag es! Es gibt nur einen Gott und sein Name ist Allah. Allahu akbar!«

Er drückt seinen Fuß auf meinen Kopf, und ich weiß, dass er ihn zertreten könnte wie eine Melone. Die weiche Sohle seiner Schuhe ist noch nass, kalt und nass. Ekelerregend rinnt der Schmutz an meiner Schläfe hinunter, mir in die Augen, in die Nase, in den Mund. Ich presse die Lippen zusammen. Das ist widerlich!

»Sag es. Oder …«

Ich sage nicht »Allahu akbar«. Mein Mund ist ein Tresor.

Er nimmt seinen Fuß wieder herunter.

Ich drehe meinen Kopf zur Seite und schaue auf Tobias' Hinterkopf, denn der schaut in die andere Richtung. Hoffentlich hat er Khalil die richtige Geheimzahl gegeben. Dann wird alles schnell vorbei sein. Schließlich ist Khalil nur gierig. Ich frage mich, was er mit dem Geld anfangen wird. Was will er sich kaufen? Ein neues Handy? Ein gebrauchtes Auto? Möbel für seine Wohnung? Was will er mit 3000 Euro?

»Du bist verliebt in diese Sahra!«, sagt Jamal.

Ich wische mir mit der Hand den kalten Schmutz aus dem Gesicht, weil ich es nicht mehr ertrage. Dann lege ich die Hand wieder auf meinen Rücken. Er lässt seinen Fuß über meinem Kopf schweben. Ich überlege, ob ich nicht nach seinem Fuß greifen und ihn niederreißen könnte.

»Bist du verliebt?«, fragt er.

Ich sage ihm, dass es ihn nichts angeht.

»Warum suchst du sie dann?«

»Weil ich Sahras Bestes will. Ich bin anders als du.«

»Sie ist nach England«, erklärt Jamal. »Das hat Khalil gesagt.«

Warum erzählt er mir das? Khalil wird stinksauer sein, wenn er davon erfährt. Er hasst Verrat.

»Glaube ich nicht«, sage ich.

»Los, bete!«, befiehlt er wieder.

Als er erneut mit seinem Fuß auf meinen Kopf tritt, ergreife ich die Chance, schnappe mir den Fuß mit der rechten Hand und biege ihn zur Seite. Der Koloss dreht sich, kann sein eigenes Gewicht nicht mehr halten und fällt zur Seite, kracht auf Tobias' Bein. Jetzt liegt er halb auf ihm und halb auf mir und schreit irgendetwas auf Arabisch, das ich nicht verstehe.

Der Fahrer ruft zu uns nach hinten: »Was macht ihr da für eine Scheiße?!«

Ich schäle mich unter Jamal hervor, werfe mich auf ihn, während neben mir die Schiebetür aufgerissen wird. Ich sitze auf Jamal, würge ihn und sage, dass er ein Schwein ist, ein fettes Schwein. Ich könnte ihn erdrosseln. Der Fahrer reißt an meiner Schulter, an meinen Haaren. Ich aber habe meine Hand auf Jamals Gesicht, halte mich an ihm fest, kralle meine Finger in seine Augen, meine andere Hand ist an seinem Ohr. Dann stürmt auch noch Khalil in den Wagen und schreit: »Was soll das, bei Allah! Was soll die Scheiße?!«

Ich lasse augenblicklich von Jamal ab und schaue zu Khalil auf.

Im gleichen Moment schlägt mir dieser Jamal auf die Nase und ich kippe zur Seite. Meine Nase schmerzt, mein Kopf schmerzt und ich liege auf dem Rücken. Khalil blickt auf mich hinunter, mir direkt in die Augen, ich erwarte eine Strafe. Doch er sagt nichts zu mir, sondern zerrt Jamal hoch und schreit ihn an: »Was sollte das? Du bist zu nichts zu gebrauchen!«

Jetzt erst sehe ich Tobias. Er hat sich hinten in eine Ecke des Transporters gestellt. Denkt er, er sei unsichtbar? Warum hat er mir eben nicht geholfen?

Ich setze mich.

Khalil geht auf ihn zu und befiehlt laut: »Kopf runter. Hab ich gesagt, du sollst dich bewegen?«

Tobias sieht ihn an wie das Schicksal persönlich. Khalil hat die vollkommene Macht über ihn. Ich fasse an meine Nase. Sie ist nicht gebrochen, höchstens ein wenig angeschwollen. Tobias hat vermutlich noch nie in seinem Leben jemanden geschlagen. Und Khalil spürt das. Er spürt die Ohnmacht einer solchen Person, die sich nicht wehren kann, die nicht mit dem letzten Mittel einzutreten vermag. Für Khalil ist es ein Zeichen von Schwäche, wenn einer sich nicht mit den Fäusten wehren kann, wenn jemand auch nur einen Augenblick zweifelt. Für Khalil ist alles eindeutig. *Das Handeln ist wichtiger als das Denken,* hat er stets gesagt. *Es zählt nicht, wenn einer von Allah redet, er muss Allah lieben. Und er muss mir zeigen, dass er Allah liebt.*

Khalil hält jetzt die 1000 Euro hoch, die er am Automaten gezogen hat. »Mehr ging heute nicht«, sagt er.

»Braucht ihr mich hier noch?«, fragt der Fahrer, der wieder nach vorne steigen möchte.

Khalil lässt ihn gehen und sagt zu mir: »Wir wollen kein Geld verschenken. Unser Imam kann alles gebrauchen.«

»Euer Imam?«, frage ich ungläubig. »Du gibst dem Imam das Geld, das du uns stiehlst?«

»Wir werden euch noch ein paar Tage bei uns behalten. Mit der EC-Karte kann ich alle 24 Stunden 1000 Euro abheben. Time is money«, sagt er und grinst Tobias an, der wie ein Kind zurückzuckt, als Khalil ihn anschaut. »Das sagt man doch so in Deutschland? Ihr seid doch da alle Amerikaner und sprecht perfekt englisch? Oder?«

»Aber die bleiben nicht hier im Transporter«, mischt sich der Fahrer von vorne ein. »Der Imam wird das nicht gut finden. Es gefällt mir nicht, die beiden hier festzuhalten. Die pissen und wollen essen. Ich kann das nicht gebrauchen.«

»Da hat er recht«, sagt Jamal spontan. »Außerdem braucht der Imam morgen den Wagen.«

»Jetzt bleibt ruhig, Brüder«, beschwichtigt Khalil die beiden. Er zieht aus seiner Tasche eine Binde hervor, auf der Police steht.

Ich habe davon gehört, dass die Muslime zu den Freitagsgebeten Straßen absperren. Auf den Videos, die solche Freitagsgebete in Paris zeigen, sind Leute von der Muslimpolizei mit solchen Binden am Arm zu sehen. Kein französischer Polizist traue sich in diese Straßen, hieß es in den Videos. Ich hielt das für Propaganda gegen Muslime. Aber vielleicht stimmt es ja. Die Reporter in den Videos sagten, dass es in Paris Hunderte solcher Muslimpolizisten gebe, obwohl in Frankreich französisches Recht herrsche. Die Muslime zeigten so öffentlich, dass sie die Macht in ihren Vierteln der Stadt haben. So sagte es jedenfalls der Nachrichtensprecher aus den USA im Video. Und nun hält Khalil eine solche Armbinde in Händen.

»Die Polizei hat Schiss vor uns, genau wie dein Freund.« Khalil geht blitzschnell in die Hocke und sagt »Buh!« zu Tobias, der wieder wie ein kleines Kind zusammenzuckt. »Aber der Imam will leider seit Langem nicht mehr, dass wir auf der Straße beten. Er ist weich geworden. Er spürt keine Kraft mehr in sich. Alt ist er und weich und er versteht sich jetzt gut mit der Stadt. Sie haben uns eine neue Moschee versprochen. Aber wir brauchen keine Moschee, wir brauchen nur den Himmel und unseren Glauben. Allahu akbar!«

»Was sagst du über den Imam?«, fragt der Fahrer. »Was redest du da? Der Imam tritt für uns ein. Was er sagt, ist die Wahrheit, und die solltest du respektieren.«

Mit ungeahnter Schnelligkeit zuckt Khalil zur Seite, greift durch das Fenster nach vorne und fasst den Fahrer an der Schulter. »*Ich* sage hier die Wahrheit. Und wir werden einen Platz finden, wo wir die beiden so lange sitzen lassen, bis das Konto von dem da leer ist.« Dabei schaut er zu Tobias rüber, der auf dem Boden sitzt und die Beine an den Körper gezogen hat.

Der Fahrer ist beeindruckt. »Schon gut. Reg dich nicht auf. Dann lass sie eben im Wagen. Ich werde dem

Imam sagen, dass ein Bruder von uns den Wagen für einen Umzug benötigt. Das wird er verstehen.«

Khalil lässt von ihm ab und sagt zu mir: »Du bist nicht auf unserer Seite, Bruder, aber du bist mein Bruder. Stimmt's?«

Er weiß, dass ich nun mit einem »Ja« lügen werde, aber er will wissen, wie ich lüge. Er liest in meinen Augen und in meiner Stimme. Ich antworte ihm jedoch nicht, sondern frage: »Wo ist Sahra? Sag es mir, dann gehen wir.«

»Willst du mich veralbern?«, fragt er mich. »Habe ich dir nicht gerade gesagt, dass ihr meine Gäste sein werdet, bis sein Konto leer ist?«

»Ich werde hier nicht bleiben«, sage ich. »Das kannst du nicht machen. Wir sind Freunde und du …«

Der Rest des Satzes hängt noch in der Luft, als jemand vorne an die Seitenscheibe des Fahrerraums klopft. Dann geht die Türe auf und der Imam schaut hinein. Er ist uralt und sein Bart ist weiß. Er trägt ein durchsichtiges Regencape. Seine Augen sind wach. Er grüßt und alle grüßen zurück. Bis auf Tobias und mich.

Er schaut den Fahrer fragend an.

»Khalil muss etwas transportieren«, sagt dieser.

»Das sehe ich«, sagt der Imam. »Blutet der Mann dort im Gesicht?« Dabei schaut er hinüber zu Tobias. Dann winkt der Imam Khalil zu sich. Der ist mit einem Schlag wie ausgewechselt, kleiner, demütig.

»Was ist das für Geld in deiner Hand?«, fragt der Imam.

»Sie haben es uns geschenkt«, lügt Khalil.

Der Imam blickt noch kritischer drein. Seine Augenbrauen sind grau. »Wie viel ist es?«

»Help us!«, fleht Tobias. Es ist das erste Wort, das ich seit Langem wieder von ihm höre. »Help us.«

Der Imam schaut Khalil an, als ahne er, was geschehen ist.

»3000 Euro«, sagt Khalil. »Sie sind für unsere neue Moschee.«

Der Imam geht zur Seitentür und zieht sie auf. Er sagt: »Bitte steig aus, Khalil.« Dabei macht er eine Verbeugung in unsere Richtung. »Ihr bleibt bitte noch im Wagen. Gleich könnt ihr ihn verlassen.« Er spricht ein gepflegtes Hocharabisch.

Khalil gehorcht, klettert wortlos die Stufe hinunter. Der Imam schiebt die Tür wieder zu und wir sehen uns fragend an. Auch der Fahrer bleibt sitzen. Alle schweigen. Was wohl Jamal denken mag? Der Imam unterhält sich überhaupt nicht mit ihm. Dieser Jamal ist der vollkommene Lakai. Eine riesige Blase Fett, die auf Befehl alles tut.

»Stimmt es, dass Sahra in London ist?«, frage ich ihn.

»Ich habe England gesagt.«

Hat er? Ich kann mich nicht mehr erinnern.

»Und wo in England?«

»Das habe ich nicht gesagt.« Er spricht mit vorwurfsvollem Ton, als hätte ich etwas Böses getan und nicht er. Ob er glaubt, in den Himmel zu kommen? Ob er überhaupt glaubt? Oder ist es eine Gewohnheit, die sich in seinem Hirn festgesetzt hat, die ihm den Bart hat wachsen lassen? Ich hasse diesen Kerl.

»Shut up!«, sagt er lauter zu Tobias, als der sich einmischen möchte. Dabei hebt Jamal die Faust. Auf seinem Handrücken hat er ebenfalls Sommersprossen. Er wird nicht zuschlagen, aber Tobias ist so verängstigt, dass er keinen Mucks macht.

Es scheint unendlich viel Zeit vergangen zu sein, ehe sich die Tür wieder öffnet und Khalil zu uns in den Laderaum steigt. Er sagt zum Fahrer: »Lass uns zum Bahnhof fahren und die beiden zurückbringen.« Und zu mir gewandt meint er freundlich, während er mir Tobias' EC-Karte und Portemonnaie zurückgibt: »Du sorgst dafür, dass dein Freund nichts sagt.«

Ich sage wieder »Ja«, nehme die Karte und stecke sie ins Portemonnaie, in dem wieder die lilafarbenen Fünfhunderter versammelt sind, und schaue Khalil fragend an. Der sagt nichts. Sein leicht niedergeschlagener Blick spricht für sich. Der Imam fand sein Verhalten gottlos und hat ihn eben vor dem Transporter zusammengefaltet. Unser Imam in Homs hätte eine solch kriminelle Tat Khalils auch nicht zugelassen. Ich habe gehört, dass der IS Kriegsimame hat, die die Kämpfer zum Morden aufstacheln, aber ich kenne keinen solchen Imam, der ein Unrecht zulassen würde.

Tobias ist noch völlig verdattert und lässt das Portemonnaie fallen. Ich hebe es vom Boden auf, spüre meine klammen Finger kaum und muss daran denken, wie kalt es dort unten auf dem gewellten Blech gewesen ist. Tobias steckt langsam das Portemonnaie in die Innentasche seiner Lederjacke und zieht den Reißverschluss hoch. Auf seiner Wange hat sich eine dünne Blutkruste gebildet, die jederzeit erneut aufreißen kann.

Der Wagen ruckelt los. Wir halten uns an den Seilen oben an der Decke fest. Keiner von uns setzt sich, und keiner fragt, was passiert ist. Khalil aber scheint zwei Blocks weiter den Tadel des Imam schon wieder verdaut zu haben, jedenfalls schaut er mich munter an. Ich verstehe ihn nicht. Wie kann er nur so leben? Als er damals den Wachmann erschlagen hat, hat er auch keine Sekunde lang Reue gezeigt.

Direkt am Gare de l'Est hält der Transporter.

»Ich kann nicht lange hier stehen bleiben«, erklärt der Fahrer. »Ihr seht ja selbst, was los ist.«

Als wir die Schiebetür öffnen, sehen wir Polizei. Vier Männer und zwei Frauen patrouillieren am Zaun. Sie schauen sofort kritisch zu uns herüber: Araber in einem Transporter, schlimmer kann es nicht kommen. Zumindest haben wir keine Taschen dabei, in denen wir Bomben oder Maschinengewehre versteckt haben könnten. Ich steige als Letzter aus und knicke mit dem Fuß um. Aber ich lasse mir nichts anmerken. Khalil hebt seine Hand zum Gruß und lächelt zu den Gendarmen hinüber. Die Polizisten lassen sich davon nicht beeinflussen, sondern bleiben an den Gittern stehen und schauen auffällig zu uns.

Ich bin nass bis auf die Knochen, um mich herum sehe ich die Lichter. Khalil und Jamal sind ebenfalls mit ausgestiegen. Khalil nimmt mich in den Arm. Er nennt mich wieder Bruder und sagt, dass ich auf mich achten soll. Die Ungläubigen seien überall. Aber Allah sei überaller. Er sagt es und grinst nicht einmal dabei. Diesen Mist kann er nicht ernst meinen.

»Was hat der Imam zu dir gesagt?«, will ich endlich wissen.

»Dass es nur einen Sinn gibt im Leben und nur einer allem Leben einen Sinn gibt: Allah. Als ob ich das nicht gewusst hätte!«

Ehe ich ihn noch fragen kann, wo Sahra ist, sagt er mir, dass er es nicht wisse. Ob er wirklich Gedanken lesen kann? Oder war die Frage so naheliegend? Allerdings sei sie nicht mehr in Nizza. Das habe ihm eine Freundin geschrieben.

Ich frage: »Wer?«

»Eine Freundin«, wiederholt er.

»Kenne ich sie?«

»Nein.«

Er will mir einfach nicht den Namen verraten. Khalil verwirrt mich. Aber hier und jetzt ist es mir egal. Ich bin den weiten Weg aus Köln gekommen, und trotzdem will ich nun wieder weg, egal wo Sahra ist. Ich ekele mich vor Khalil, vor dessen Bart und dessen dumpfem Schlägergesicht.

Khalil meint, dass wir nicht mehr über sie reden sollten. Er wisse ohnehin nicht, was ich so gut an ihr finde. Und er sagt: »Sie hätte sich bei dir melden können, wenn sie es gewollt hätte.«

Das stimmt.

»Bonjour.« Eine der Polizistinnen, die eben noch am Zaun gestanden hat, erklärt uns, dass wir hier nicht mit dem Wagen stehen bleiben können.

Khalil schaut die Polizistin erst gar nicht an, sondern sagt über ihren Kopf hinweg zu dem Polizisten hinter ihr, dass er uns nur verabschieden wolle.

»Das ist doch wohl noch erlaubt?«, fragt er provozierend.

Die Polizistin drückt sich ihre Kappe ein wenig aus dem Gesicht. Vermutlich würde sie Khalil am liebsten gleich hier und jetzt erschießen. Doch sie sagt ruhig: »Aber nur noch einen Moment.«

Ich bin erstaunt, wie viel sich die Polizisten gefallen lassen.

»Ist Sahra vielleicht in England?«, frage ich Khalil, weil ich befürchte, dass die Situation gleich eskalieren könnte.

Khalil hebt erstaunt die Augenbrauen. »Wie kommst du darauf?«

»Ich habe es ihm erzählt«, verrät Jamal. »Ich musste ja was sagen, als wir im Transporter auf dich gewartet haben.«

Das ist nicht logisch. Khalil schaut seinen Freund vorwurfsvoll an. Dann meint er lächelnd zu mir: »Bei Allah, dort könnte sie sein. Ich denke in London. Sie hat mal von London geredet. Viele Syrer wollen nach London oder zu Mutter Merkel.«

Die Polizistin vor uns mischt sich nun erneut ein und sagt, dass wir uns entweder nun trennen oder den Transporter wegschicken sollten. Er könne jedenfalls hier nicht länger parken.

»Ja, ja«, sagt Khalil. »Wir fahren ja schon.« Wieder schaut er über die Polizistin hinweg. Zu mir meint er noch: »Du wirst sie finden, wenn du deinem Herzen folgst. Wie sagt ein arabisches Sprichwort: ›Dem Handelnden gehört die Welt.‹« Er sagt es, als glaube er selbst daran. Khalil fährt sich durch den Bart und nimmt mich noch einmal in den Arm, als wolle er die Polizistin provozieren. »Allah behüte dich. Du bist ein wahrer Bruder. Sonst würdest du Sahra nicht suchen«, flüstert er mir zu. Ich spüre seinen Atem an meinem Ohr. Er ist warm. Meine Seele möge in den Himmel fliegen, wünscht er mir. »Doch befreie dich von falschen Freunden. Trenne dich von diesem Tobias. Er schadet dir nur, er ist ein Kafir. Dafür kommst du in die Hölle, wenn Allah nicht gnädig mit dir ist.«

»Jetzt reicht es«, sagt die Polizistin, und die übrigen Polizisten mischen sich nun auch ein. Sie wollen unsere Ausweise sehen. So ein Mist!

»Ist ja schon gut«, sagt Khalil. »Schon gut.«

Doch die Polizisten bestehen darauf und schon stehen sie wie bei einer Razzia um uns herum und verlangen »papiers d'identité«.

Ich habe Angst. Tobias greift in sein Portemonnaie und holt seinen Personalausweis hervor. Er schubst mich. »Zeig ihr dein Dokument.«

In dem Moment, als die Polizistin meinen Aufenthaltstitel anschauen möchte, funkt Tobias mit seinem Journalistenausweis dazwischen. Er erzählt der Polizistin auf Englisch, dass er für den *Spiegel* in Deutschland arbeite, und fragt, ob sie das Nachrichtenmagazin kennen würde.

Die Polizistin bejaht, vergisst darüber meinen Ausweis, vermutlich auch das unordentliche Aussehen von Tobias, und ist nun extrem freundlich zu uns. Sie tuschelt ihrem Kollegen etwas zu, vermutlich, wer Tobias ist, und die Kontrolle ist recht schnell beendet. Wenn mir das als Polizist passiert wäre, so hätte ich Tobias gefragt, an welcher Geschichte er arbeitet. Aber das hat sie nicht getan.

Nach einer weiteren Umarmung, die nun von den Polizisten wieder aus sicherer Entfernung kritisch beäugt wird, steigen der Fahrer, Khalil und Jamal nach vorn in den Transporter. Wir sehen sie davonfahren. Überall auf dem Wagen sind Orangen und Äpfel, Tomaten und Gurken aufgemalt. Dazwischen die arabischen Schriftzeichen, die Frische und Genuss versprechen. Tobias und ich bleiben an den Gittern des Gare de l'Est zurück. Die Leute, die an uns vorbeigehen, sprechen uns nicht an. Sie halten uns sicherlich für irgendwelche heruntergekommenen Typen, die im Dreck gelegen haben. Was wohl die Polizisten denken? Dass sie einen Fehler gemacht haben? Aber über was auch immer sie sich gerade unterhalten, sie gehen weg, hinüber zum Taxistand.

Tobias steht erschüttert neben mir. Ich habe ihn noch

nie so blass gesehen wie jetzt. Er ist durch und durch nass und müde, und auf einmal faucht er mich an: »Was war das jetzt?! In was für eine Scheiße hast du mich reingeritten?! Was sollte das?!«

»Beruhig dich, bitte«, sage ich und mache einen Schritt zurück.

Seine Augen sind blau und groß und voller Regen. Ich glaube, er würde mich am liebsten schlagen. Stattdessen tritt er wie ein kleines Kind in die Pfütze neben uns. Das Wasser spritzt.

»Weißt du, was das eben war?«

Ich weiß es nicht.

»Das war eine Entführung, eine Erpressung und... Ich werde diesen Wichser von Khalil und seinen Freund Jamal anzeigen!«

Während er dies sagt, schaue ich kurz zu den Polizisten hinüber. Hoffentlich bemerken sie Tobias' Wutausbruch nicht und hoffentlich geht er nicht zu ihnen und macht seine Drohung wahr.

Sie würden Khalil und Jamal vielleicht einsperren, aber wenn die beiden aus dem Gefängnis herauskämen, würden sie Tobias die Kehle durchschneiden. Ich kann immer noch nicht glauben, was passiert ist. Wenn Tobias nicht diese Verletzung an der Wange hätte und mich so bitter anschauen würde, wenn mein Fuß mich nicht noch ein wenig schmerzen würde, so würde ich bezweifeln, dass die letzten Stunden überhaupt passiert sind.

Das Ganze hat uns einfach überrollt.

Ich muss an die Anschläge von Paris denken. Ganz plötzlich ist dein Leben ein anderes Leben, von einer Sekunde auf die andere. Es ist wie in Homs, wie im Krieg, nichts ist mehr sicher. Ich strecke den Arm aus und öffne die Hand.

»Was machst du da für einen Scheiß?«, fährt mich Tobias an.

Ich sage: »Zumindest regnet es nicht mehr.«

Tobias zieht wortlos sein Handy aus der Lederjacke und ruft Jessi zu Hause in Köln an. »Ich muss mit einem normalen Menschen reden«, sagt er mir noch. »Hallo, Jessi. Ich muss dir …«

Sie unterbricht ihn anscheinend sofort. Trotz des Lärms um uns herum, der Autos und der Passanten, höre ich ihre aufgeregte Stimme. Sie macht keine Atempause. Mehrmals hebt er an, aber sie lässt ihn nicht wieder zu Wort kommen. Er muss zuhören. Plötzlich sagt er in ihren Wortschwall hinein: »Warte mal kurz … ich weiß … ja … aber es ist dringend. Ich bin mit Basil in Paris … Ja, in Paris … Na und? Du wolltest doch, dass ich mache, was ich will. Dir ist doch egal, was ich mache. Also, was regst du dich jetzt so auf?« Er stockt, schaut auf sein Handy und erklärt mir: »Sie hat einfach aufgelegt. Ich weiß nicht, was mit ihr los ist. Ich glaube, sie ist mit der Situation in Köln völlig überfordert und dreht langsam durch.«

Tobias steht vor mir, und ich weiß nicht, ob es Tränen sind, die über seine Wange laufen, oder die Reste des Regens. Er wischt sie sich vorsichtig weg. »Die ist so bescheuert. Sie hat überhaupt nichts kapiert.«

»Wie meinst du das?«

»Ach, so eine Scheiße. Ich hab einfach keinen Bock mehr.« Er drückt mit dem Zeigefinger leicht gegen die Kruste auf seiner Wange.

»Lass es lieber«, sage ich. »Warum tust du dir weh?«

»Es tut nicht weh. Nur die Tränen eben, die haben auf der Wunde gebrannt.«

»Lass uns gehen«, schlage ich vor. »Die Pariser Polizisten haben Wichtigeres zu tun, als sich um unsere Erpressung zu kümmern.«

Mein Handy klingelt.

Khalil steht auf dem Display. Ich bin verwundert. Schließlich haben wir uns doch eben erst verabschiedet. »Vielleicht sagt er mir endlich, wo Sahra ist.«

»Dieses Schwein? Meinst du?«

Doch ehe ich rangehen kann, klingelt es nicht mehr. Stattdessen trifft eine WhatsApp ein: »England ist gut möglich, wahrscheinlich London. Ich hoffe, ihr haltet euch von der Polizei fern« – und ein Smiley mit Sonnenbrille.

»Was für ein Arschloch! Immerhin hat er Angst, dass wir ihn anzeigen könnten«, sagt Tobias. »Wenn der Imam nicht gekommen wäre, dann hätte er uns in ein Kellerloch gesperrt, bis mein Konto leer gewesen wäre.«

»Wie lange hätte das gedauert?«

»Einen Tag«, sagt Tobias. »Denn mit der EC-Karte komme ich nicht an Jessis Konto. Und meines ist schon überzogen. Ich darf maximal 5000 Euro überziehen. Da bin ich schon fast.«

Wir gehen zum Parkhaus.

Obwohl wir einige Straßen überqueren müssen und es viel zu besprechen gäbe, sagt keiner von uns mehr etwas. Es ist alles gesagt, zu viel passiert. Ich frage mich nur noch: Wird Tobias mit mir nach England fahren? Und wie sollen wir in London Sahra finden? Ich weiß ja nicht einmal, ob sie es bis dorthin geschafft hat. Schließlich haben die Engländer ihre Insel abgeriegelt. Mein linkes Fußgelenk schmerzt ein wenig, als wir jetzt an der Post vorbeikommen. Tobias sieht mein Humpeln, doch er fragt nicht nach.

Zurück im Parkhaus sitzen wir im Wagen und starren durch die Windschutzscheibe gegen die Wand, auf der uns ein schwarzes Graffiti mitteilt, dass die Welt eine Hure ist, das Leben Scheiße und alle Muslime gefickt gehören. Darunter steht noch *Viagra für den IS und seine Schwänze* – gezeichnet *Anonymus* mit grüner Penisnase. Okay, das ist alles sehr drastisch! Falls irgendwer dem Westen vorwirft, er sei dekadent, so könnte dies als Beweis herhalten.

Ich fasse auf meine Brust, spüre das Kreuz unter meiner Jacke, öffne sie und hole es unter dem Sweater hervor. Das Kreuz, an das sie Jesus angeblich genagelt hatten – Kopf, Schultern, Arme, der Körper und die zusammengelegten Beine. Die Baptisten haben mir erzählt, dass zu Zeiten Jesu die Menschen nicht ans Kreuz genagelt, sondern mit festen Stricken gebunden wurden, dass die katholische Kirche das mit den Nägeln und Jesus' Wunden später erfunden habe. Ich weiß nicht, ob das stimmt. Ich gehe mit der Hand über das Kreuz. Das Olivenholz ist feucht. Es fühlt sich ein bisschen wie eine Kastanie an, glatt und sympathisch. Im vorletzten Herbst habe ich zum ersten Mal eine Kastanie gesehen. Man kann sie aus der grünen stacheligen Schale pulen, sich an der frisch geschlüpften Kastanie erfreuen und sie in der Hand reiben. Es ist ein gutes Gefühl, so neu und lebendig. Der Kastanienbaum ist meine Lieblingspflanze.

Ich schaue auf das Kreuz, dann wieder auf dieses Graffiti und denke an die Kastanienbäume im Park, an Sahras Namen im Schnee. Es war keine gute Idee, zu Khalil nach Paris zu fahren. Er ist ein Arschloch und jetzt ist er auch noch ein fanatisches Arschloch. Ich hätte nicht geglaubt, dass ich ihn hassen könnte, dafür hat er mir eigentlich zu oft geholfen. Aber jetzt spüre ich einen tiefen Groll in mir. Angeblich tragen manche Japaner ihr ganzes Leben lang eine Kastanie bei sich und durch die Reibung in der Hand bleibt das Holz schön geschmeidig. Ich habe das mit einer Kastanie versucht, aber sie ist ausgetrocknet. Vielleicht haben die Japaner andere Kastanien. Ich stecke das Kreuz wieder unter meinen durchnässten Sweater.

Ich sage Tobias, dass ich friere.

»Ich auch«, sagt er kurz angebunden.

Er startet den Motor, legt aber keinen Gang ein.

Ich traue mich nicht, mehr als *Mir ist kalt* zu sagen. Jedes Wort von mir könnte falsch sein. Er ist eben richtig ausgeflippt. Das tut er sonst nie. Mein Handy ist in meiner Jackentasche. Am liebsten würde ich auf Facebook gehen, gucken, was die anderen im Heim machen, eine WhatsApp schreiben, irgendwas mit dem Handy tun, um in eine andere Welt zu gelangen, um von hier zurück nach Deutschland zu fliehen und nicht neben Tobias sitzen zu müssen.

Er dreht die Heizung hoch, damit uns warm wird. Die Scheiben beschlagen. Bald ist es hier drin so heiß wie in einem Dampfbad. Ich klicke mich auf dem Handy auf *Soccer+* und kaufe mir zwei Spieler aus Frankreich für die kommende Bundesligasaison. Beide sind Nordafrikaner. Normalerweise spiele ich nicht gerne auf dem Handy. Aber jetzt ist es die einzige Chance, die Welt zu wechseln, denn ich kann nicht online gehen. Und *Soccer+* kann ich offline spielen. Tobias ist wie abwesend. Er spricht nicht und er tut nichts, sitzt nur neben mir und ist still. Ich habe bei *Soccer+* den Ton abgestellt. Meinen Kopfhörer muss ich irgendwo in den vergangenen dreieinhalb Stunden verloren haben.

»Wir fahren trotzdem nach England«, sagt Tobias ohne Einleitung. Ich bin überrascht. Es ist, als ob man einfach einen ganzen Stapel Seiten in einem Buch überschlägt und abrupt ein neues Kapitel vor sich hat. »Nach London. Wir werden Sahra finden. Sonst kommen wir zu keinem Abschluss. Und ich brauche einen Abschluss für das Buch über dich und mich.«

Ich weiß nicht, was er genau mit Abschluss meint, aber ich freue mich. Und das nicht nur, weil wir nach England fahren und vielleicht Sahra finden, sondern weil er mir damit zeigt, dass er zu mir hält. Egal, was Khalil gesagt hat, Tobias ist anders, er ist ein wahrer Freund. Gegen den Willen seiner Frau ist er mit mir hier und hilft mir. Er hat sogar die Demütigungen und Schläge von Khalil ertragen. Ich kann mich ganz und gar auf ihn verlassen. Und sage: »Danke dir.«

Doch er will keinen Dank. »Was kannst du für Typen wie Khalil? Du konntest nicht ahnen, dass er so drauf ist. Diese Arschlöscher von Fanatikern schaden allen Flüchtlingen, weil sie unsere Blicke auf sich ziehen. Aber das ist falsch. Wir sollten ihnen nicht zu viel Aufmerksamkeit geben, sonst bekommen sie Macht über uns. Die meisten Flüchtlinge sind doch wie du, wollen zur Schule gehen, eine Arbeit und …«

»… und Frieden«, ergänze ich.

Er nickt. »Exakt … Aber jetzt müssen wir Richtung Norden, Richtung Calais und von dort nach England übersetzen. Ich glaube, um mit dem Zug durch den Tunnel zu fahren, braucht man irgendwelche Tickets, die man schon Tage im Voraus bestellen muss.«

Ich weiß nichts davon. England war noch nie mein Ziel.

»Wir können diese Frage ja unterwegs klären«, meint er, greift zwischen meine Beine und zieht das Schubfach unter meinem Sitz auf, in dem er das Navi versteckt hatte, damit uns keiner deswegen den Wagen aufbricht. Wo solche Graffitis an Wände gemalt werden, sind sicherlich auch Autodiebe nicht weit.

»Ich werde so lange mit dir unterwegs sein, bis wir Sahra gefunden haben«, wiederholt Tobias feierlich. Es ist, als wolle er es sich selbst einreden.

»Und Jessi und deine Tochter?«, frage ich. »Ich möchte nicht schuld daran sein, wenn du dich mit Jessi streitest.«

»Vorbei. Jessi will sich trennen. Daran trägst du keine Schuld.« Er klebt das Navi an die Scheibe und gibt London als Ziel ein. »Jessi erträgt es einfach nicht, wenn ich nicht jeden Tag in eine Redaktion latsche und meinen Job mache. Sie will Monat für Monat brav ihr Geld. Das ist ihr Leben. Sicherheit. Deshalb ist sie Lehrerin geworden. Nicht der Kinder wegen, sondern der Sicherheit wegen. Und jetzt ist ihr der Job zu viel und sie ist frustriert.«

»Ich denke, sie wollte, dass du dich mehr um Zeta kümmerst.«

Darauf antwortet er nicht.

Tobias' Haare sind jetzt durch den Regen und das Trocknen ganz durcheinander und stehen ein bisschen steif vom Kopf ab. Er hat immer von Jessi und Zeta geredet, als sei es ein ewiges Bündnis, als gehörten sie zusammen wie das Meer und der Strand. Und jetzt soll alles vorbei sein?

Ich frage ihn: »Vermisst du deine Tochter nicht?«

»Ich werde dafür sorgen, dass du Sahra findest und ich meine Geschichte endlich geschrieben bekomme.«

»Und deine Arbeit? Du wolltest dich doch bewerben?«

»Du bist meine Arbeit.«

»Wie meinst du das?«

»Du musst mir heute alles erzählen, was du gedacht

und gefühlt hast, als wir in dem Transporter waren und als uns eben die Polizei kontrolliert hat. Ich will einfach alles wissen und aufschreiben, was du mir sagst. Du bist meine Hauptfigur. Ich muss jeden deiner Gedanken kennen, muss mir vorstellen können, wie ein Flüchtling denkt. Verstehst du?«

Ich verstehe. Aber ich glaube gar nicht, dass ich so viel anders denke als ein deutscher Junge in meinem Alter.

Das Navi kann wieder einmal keine Verbindung zum GPS aufbauen. Als wir unten an der Schranke stehen, fällt uns erst auf, dass Tobias das Parkticket noch nicht beglichen hat. Als er es nach erneutem Aussteigen endlich in den Automaten an der Schranke schiebt, meint er: »Wenn Khalil uns in diesem Transporter länger festgehalten hätte, wäre uns das Parken teurer gekommen als sein Geldabheben.«

Trotz unserer nassen Kleidung und trotz des Stress am heutigen Tag ist Tobias jetzt überraschend gut gelaunt – geradezu überschwänglich. Wahrscheinlich sagt er sich: *Wenn ich aufschreibe, was uns passiert ist, dann muss es einfach jeden interessieren. Die werden uns die Story mit Khalil aus der Hand reißen.*

Wir fahren aus dem Parkhaus und orientieren uns an den Schildern *Toutes les directions,* um aus der Stadt herauszufinden, denn das Navi ist noch immer nicht zu gebrauchen. Es weist stattdessen Tobias darauf hin, dass er bitte am PC die Karten aktualisieren soll.

Als wir endlich auf einer der Ausfallstraßen von Paris sind, zeigt Tobias nach rechts und sagt mit süffisantem Unterton: »Siehst du das gelbe *M*? Ich will mich da umziehen.« Also nehmen wir die nächste Ausfahrt. Es ist stockdunkel und die Straßenbeleuchtung schlecht. Die Gegend hier am Rande der Stadt ist unwirklich. Es gibt vereinzelt Hochhäuser, ansonsten nur Fabriken und Lagerhallen, die runtergekommen aussehen – und diesen McDonald.

In der Toilette des Restaurants ist es eng, aber ich kann mir zumindest den Schmutz aus dem Gesicht waschen und endlich die nasse Kleidung gegen trockene eintauschen. Das T-Shirt, das ich jetzt trage, zeigt eine Schallplatte, die angebissen ist. Darüber steht *Lekker musik*. Ich mag das Shirt. Jessi hat es mir geschenkt. Ich muss an sie und Zeta denken. Ich will nicht, dass Tobias' Familie auseinanderbricht. Die kleine Zeta ist süß und zum Knuddeln. Ich mag ihre hohe Stimme. Ich höre es sowieso gern, wenn deutsche Kinder deutsch sprechen. Das ist niedlicher als Arabisch in meinen Ohren.

Als ich ins Lokal zurückkehre, sitzt Tobias mit dem Laptop im McCafé. Wir holen uns ein Menü und suchen im Netz Fährverbindungen nach England. Khalil und ich haben uns damals die Fährverbindungen von Griechenland nach Italien auf dem Handy angeschaut. Am Ende sind wir trotzdem auf der falschen Fähre nach Ancona gelandet.

»Bist du noch bei der Sache?«, fragt mich Tobias.

Er merkt sofort, wenn ich mit meinen Gedanken abschweife. Die Reste seines Big Macs legt er in die Papppackung und meint: »Zumindest kann ich jetzt so viele fettige Burger essen, wie ich will. Ich könnte sogar eine Dose Pringles über meinem Kopf auskippen und auf dem Boden zertrampeln oder Halo 4 und Fifa 16 gleichzeitig auf zig PCs zocken, bis die Prozessoren platzen. Denn jetzt ist keine Jessi mehr da, die mir sagt, was gut für mich ist.«

Er hat die Seite mit den Fährverbindungen gefunden: Von Le Havre gehen nur acht Autofähren in der Woche nach Dover, von Zeebrugge sieben, aber von Calais laufen täglich 33 nach England aus. »Siehst du, wir sollten Calais nehmen.« Tobias guckt, wann die nächste Möglichkeit ist. Wir haben Glück: »Morgen ist noch ein Platz für uns und unser Auto frei!«

Wir sind beim Anmeldeformular, das er jedoch wieder wegklickt und sich erst einmal die Autostrecke nach Calais anschaut. »Bis dahin sind es noch gut 250 Kilometer. Sollen wir irgendwo hier bei Paris übernachten oder lieber gleich in Calais?«

Ich sage, dass ich heute noch möglichst weit kommen möchte.

Er will *Calais Hotel* eingeben, aber der Browser schlägt ihm sofort *Calais Flüchtlinge* vor, was ihn neugierig macht. Er klickt darauf, klickt sich zu Youtube und ist überrascht von den zig Einträgen der Lkw-Fahrer, die Videos eingestellt haben. Er klickt den erstbesten an. Dieser zeigt aus der Führerhausperspektive, wie der Laster vor ihm von Flüchtlingen bestürmt wird. Der Lastwagenfahrer, der das Video aufnimmt, schimpft und schimpft.

»Das ist Ungarisch«, meint Tobias. »Der Typ würde die Flüchtlinge am liebsten überfahren.«

Das Video zeigt, wie ein Flüchtling in den Laderaum des Lasters steigt.

Ich sage: »Genau so sind die Afghanen in Patras auch auf die Laster gesprungen.« Plötzlich merke ich, wie weit das alles für mich weg ist. Dabei ist meine Flucht nicht zu Ende. Ich bin weggelaufen, ohne jemals wieder zurückzukönnen. Denn alles, was mich an früher erinnert, ist zerstört. Es gibt kein Zurück mehr. Unser Haus ist weg, meine Eltern sind tot. Ich weiß nicht einmal, wie es meiner Tante Fatima und ihren Tomaten geht. Ich glaube, ich weiß nicht einmal mehr, wie Batata Mahshi schmeckt. Syrien ist so weit weg wie die Sterne. Die Bilder, die ich aus Homs sehe, sind nicht mehr meine Bilder.

»Da, guck. Der Fahrer hat nicht bemerkt, dass er jetzt einen blinden Passagier hat«, sagt Tobias und zeigt auf das Video. »Ich wusste gar nicht, dass manche von den Flüchtlingen das Dach aufschlitzen, um in die Lkws einzusteigen. Sollen wir wirklich in dieser Gegend übernachten? Lass uns doch lieber hier bei Paris ein Hotel suchen.«

Ich willige ein. Eine Dusche kann schließlich nicht schaden.

Wir finden im Netz ein bezahlbares Xpress-Hotel in der Nähe. Es liegt an der Bundesstraße Richtung Norden. Während wir hier im McDonald sitzen, er das Hotel reserviert und das Formular für die Fähre öffnet, um diese ebenfalls zu buchen, fragt er: »Warum wollen so viele Flüchtlinge nach England? Die könnten doch auch nach Schweden oder Deutschland?«

»Wer hat schon Lust, Deutsch oder Schwedisch zu lernen? Die Sprache ist echt eine große Hürde. Die meisten von uns würden wahrscheinlich nach England gehen. Aber die Engländer lassen uns nicht rein. Und nach Amerika ist es noch schwieriger.«

Wir schauen auf die Maske für die Buchung. Das WLAN hier im McDonald ist zwar langsam, aber endlich haben wir das Formular.

»Lass uns die Fähre buchen«, meint Tobias.

Ich hole ihm noch einen Caffè Latte, während er die

nötigen Felder ausfüllt. Als ich zurück bin, will er meine Daten. Ich gebe ihm meinen Ausweis. Rosa und blau ist er.

»Aufenthaltstitel«, liest Tobias vor. »Auf dem Foto hast du noch ganz kurze Haare.«

»Ich sah damals aus wie ein Strafgefangener.«

Erst jetzt fällt Tobias ein, dass es Probleme mit meinem Ausweis geben könnte. »Ich glaube, du darfst mit dem Dokument überhaupt nicht verreisen, ohne dass dein Vormund gefragt wird.«

»Wir sind doch unterwegs«, sage ich.

»Weil wir bis jetzt keine Angaben machen mussten. Aber jetzt wollen wir nach England und ich muss deine gesamten Personalien angeben.«

Er recherchiert im Netz und findet schnell Einträge zu ähnlichen Fällen wie meinem: Danach darf ich nicht einfach nach England einreisen. Ich benötige ein Visum. Und das hätte ich schon vor mindestens drei Wochen beantragen müssen. Zudem habe ich einen Vormund, nämlich das Jugendamt – und der muss gefragt werden.

»Das können wir vergessen«, seufzt Tobias.

Ich weiß nicht, was ich sagen soll. Wir sitzen in diesem nach Pappe und Pommes riechenden Lokal und ich werde Sahra vermutlich nie wieder sehen. Ich hasse meine Situation. Warum kann ich nicht einfach hinfahren, wohin ich will? Diese Scheißengländer! Sie sind jahrhundertelang in alle Länder gesegelt, haben die Menschen dort umgebracht, ohne Visum, ohne Einreiseerlaubnis, ohne das geringste Recht dazu. Und jetzt machen sie dicht – und nennen es Gerechtigkeit. Das Gesetz ist immer auf der Seite der Sieger. Sie seien überfordert, sagen die Engländer! Wegen diesen Kolonialisten reden wir heute Englisch und Französisch, Spanisch und Portugiesisch. Aber jetzt wollen sie nichts mehr mit ihren Kolonien zu tun haben.

»Scheißengländer«, sage ich.

Tobias wundert sich über meinen überraschenden Kommentar und klappt seinen Laptop zu.

»Lass uns erst mal zu diesem Xpress-Hotel fahren«, sagt er. »Es sind nur vier Kilometer bis dorthin.«

*****

Sahras Haar ist kurz. Sie trägt einen Bob. Zudem hat sie es sich kastanienbraun färben lassen. Maxim meinte, sie sei kaum wiederzuerkennen. Und genau darum ging es ihr! Wie ein Chamäleon will sie sich ganz an ihre Umgebung anpassen. Assimilation. Nichts will sie mehr von ihrer Kultur, nichts mehr von den Eigenarten der Araber in dieser Welt mit sich tragen. Nur ihre Augen sind noch schwarz wie Öl. Am liebsten würde sie ihren arabischen Namen auf dem Ausweis überschreiben und stattdessen Schmidt oder Müller heißen.

Entgegen Maxims Rat und dem seiner Eltern ist sie alleine in der City unterwegs und geht in ein mexikanisches Restaurant. Draußen vor dem Fenster ist es kalt. Der schmutzige Schnee liegt in kleinen Häufchen am Rande des Marktplatzes und am Brunnen. Sahra schaut zufrieden auf die Corona-Reklame, die schräg über ihr golden und blau blinkt. Sie bestellt mit Käse überbackene Nachos und eine Cola. Der Tisch ist aus Holz. Vier Leute haben daran Platz, aber sie erwartet niemanden. Sie schaut hinunter auf ihre Boots und die Bodendielen. Ihr Handy vibriert, wieder eine Nachricht von Maxim. Sie reagiert nicht. Normalerweise antwortet sie prompt auf seine Nachrichten, denn er mag es überhaupt nicht, versetzt zu werden. Darauf reagiert er ungehalten wie ein beleidigtes Kind. Doch sie liest die Nachricht nicht, will abschalten.

Ob Basil schon bei seinem Onkel in Stuttgart lebt? Sie hat sich nicht mehr bei ihm gemeldet. Sie wollte schon in Nizza nichts mehr mit ihrem alten Leben und der Flucht zu tun haben. Und sie hätte Basil ohnehin nicht anrufen können, weil ihr das Handy geklaut worden war. Auf ihrem Handy war ihr halbes Leben, das sie damals schon gehasst hatte.

Es ist nicht gut auf der Straße zu leben,
wenn du nicht unterwegs sein willst.

Diesen Satz hat sie in Annecy gelesen. Er stammte

von einem Flüchtling. Einem gewissen *Arabi*. So hat er jedenfalls seine Sprüche auf Stromkästen, an Wänden oder Waggons unterschrieben. *Arabi*. Zu gerne würde sie wissen, wie der Graffiti-Künstler aussieht. Sahra hatte gehört, dass er aus Kairo stammt und sich nach dem islamischen Gelehrten Ibn Arabi benannt habe.

Die meisten Graffitis von ihm hatte sie in Nizza gesehen. Dreieinhalb Monate war sie in der Stadt gewesen und hatte ihr Geld mit Betteln verdient. Sie war ganz in der Nähe vom Park hinter der Uferpromenade in einem Asyl der Christen untergekommen. Sie hatte mit zwei Mädchen aus dem Kongo in einem Zimmer geschlafen. Eine Schwester hatte ihr sogar Binden gegeben, als Sahra ihre Tage bekam. Sonst verdrückte sie sich während ihrer Periode in einen Winkel oder versuchte sich mit Tüchern trocken zu halten. Es war unbeschreiblich, wie eklig sie sich manchmal auf der Flucht gefühlt hatte, wenn sie ihre Tage bekam. Sie glaubte, dass die Jungen ihr Blut riechen könnten wie Hunde das Blut eines angeschossenen Tieres. Eigentlich sollten die Kinder und Jugendlichen höchstens drei oder vier Tage im christlichen Asyl sein, aber da es nur wenige Mädchen auf der Flucht gab, waren die Schwestern großzügig.

Dann jedoch machte Sahra einen Fehler und schlief im Park. Zwei betrunkene Algerier entdeckten sie und zerrten sie zu Boden, genau dort, wo sonst die Kinder auf dem grünen Mittelstreifen auf der hölzernen Wippe spielen. Es war kurz vor Sonnenaufgang. Keiner der Wachleute, die hier auf ihrem Rundweg entlangkamen, tauchte auf. Sahra schrie, einige der Touristen, die nachts im Park bummelten, sahen sie, aber niemand schien sie hören zu wollen. Dann warf sie einem der jungen Männer Sand ins Gesicht und stieß ihn zur Seite. Der andere Algerier war zu betrunken, um schnell genug reagieren zu können, und Sahra lief weg. Einfach immer weiter rannte sie, bis zum Bahnhof, wo sie erschöpft zusammenklappte. Als sie wieder erwachte, setzte sie sich in einen Zug und fuhr davon.

Der Schaffner fragte sie, wo sie hinwolle.

Sie sagte »Allemagne«, weil ihr nichts anderes einfiel. Daraufhin bat er sie, sich ruhig zu verhalten und sitzen zu bleiben. Eine Stunde später riet er ihr, in den Zug nach Lyon umzusteigen. Weiter ging es nach Annecy, wo ein Schaffner grob wurde. Es war ein Marokkaner, der sie auf Arabisch anschrie. Sie solle sich schämen! Ob sie eine *kahba*, eine Hure sei? Die Leute aus den Maghrebstaaten sind schnell dabei mit dem Wort *kahba*. Wie könne sie nur allein unterwegs sein? Er habe selbst eine Tochter. Er wollte die Polizei holen, aber er hielt sie nicht wirklich am Bahnsteig fest, als Sahra sich losriss. Und er verfolgte sie nicht. Schließlich wusste er, dass sie nach Deutschland wollte. Keiner der französischen Beamten würde einen Flüchtling festhalten, wenn er Frankreich verlassen wollte.

Die letzten Kilometer bis zur Grenze lief sie zu Fuß und fuhr mit dem Bus. Mitten in der Nacht hatte sie einen Mann gefragt: »Is this Germany?« Als der nickte, hatte sie gesagt: »Polizei?« Das Wort kannte sie auf Deutsch, hatte es schon in Syrien gehört. Die Polizei kam und sie wurde in einem Heim untergebracht. Das war der erste Tag in Deutschland, und es war der beste Tag, seitdem sie von ihrem Vater und ihrem Ehemann weggelaufen war.

Sahra sitzt jetzt in dem mexikanischen Restaurant und bauscht ihren Bob ein wenig auf. Die Haare liegen ihr schwer in der Hand, aber sie fühlt sich leicht. Endlich sieht sie aus wie die anderen Menschen der Stadt. Sie spricht die Sprache der Deutschen und sie kennt ihre Gewohnheiten. Die Nachos knacken im Mund. Sie hätte jetzt das Geld, um einfach wegzulaufen, um vielleicht zu Basil nach Stuttgart zu fahren. Aber sie will gar nicht weg.

Sie fühlt sich wohl hier in Saarbrücken und bei der Familie. Wenn nur Maxim nicht so einnehmend wäre. Warum kann er nicht alleine nach München gehen? Ihr Vater hat sie hier gefunden. Er wird sie sogar am Nordpol finden, wenn er es will. Die Kette der Macht ist unendlich stark und starr. *Ich passe auf dich auf,* hatte er ihr früher gesagt. Aber sie hatte es falsch verstanden. Sie war noch ein kleines Mädchen gewesen, hatte geglaubt, er wolle sie bloß beschützen. Dabei wollte er sie einsperren. Genau das war es, eine Zelle aus Traditionen und Regeln. Sie will nicht, dass irgendwer auf sie aufpasst, niemand soll sie mehr beschützen!

Sie muss wieder an Basil denken und tippt in Google seinen Namen ein. Es existiert ein Basil Alkhani. Er hat eine Facebook-Seite. Sie schaut sich dort sein Bild an. Basil hat sich kaum verändert: Seine Haare sind ein bisschen länger und seine Haut ist noch dunkler als damals. Vermutlich wurde das Foto im Sommer aufgenommen. *Basil der Weltenläufer* nennt er sich bei Facebook. Sahra schmunzelt. Das passt zu ihm. Vermutlich würde er in jeder Welt die entsprechende Sprache sprechen. Er war nach ein paar Tagen in Nizza der Einzige, der schon ein bisschen Französisch konnte, sogar Griechisch hatte er gelernt.

Basil ist ein Genie, denkt sie. Er war viel zu intelligent für mich. Sahra ahnte, wie sehr er sie gemocht hatte. Er war damals kaum von ihrer Seite gewichen. Seine Lippen sind voll, und er schaut sie von diesem Foto an, wie er sie damals angeschaut hat, bevor sie sich aus den Augen verloren haben. An diesem Tag hatten sie sich zum ersten Mal geküsst. Und er war schon mit Khalil in den Zug eingestiegen, während sie von diesem Schaffner festgehalten wurde, der unbedingt ihre Papiere sehen wollte. Sie besaß keine. Basil wollte wieder aussteigen, aber da schlossen sich schon die Türen. Und sie schrieb ihm eine WhatsApp, dass er ruhig schon nach Paris fahren solle. Sie würde nachkommen. Aber dann wurde ihr das Handy geklaut, und sie entschloss sich, nicht nach Paris zu gehen.

Ob sie Basil eine Nachricht schreiben soll? Nach zwei Jahren sich wieder melden? Vielleicht ist er jetzt verbittert? Sie versteht selbst nicht, warum sie nie versucht hat, mit ihm Kontakt aufzunehmen. Wie konnte sie nur so verrückt sein?

»Möchtest du noch etwas trinken?«, unterbricht die Bedienung Sahras Gedanken. Das Mädchen vor ihr könnte auch eine Araberin sein, so dunkel ist ihr Gesicht, so stark ihr schwarzes Haar.

»Wie bitte?«, fragt Sahra nach.

»Na, ob du noch was trinken möchtest?«

»Nein.« Stattdessen bittet sie um die Rechnung und schaut wieder auf Basils Facebook-Seite, liest, was er postet. Videos, die Rassismus anklagen. Sie schaut sich die Steinigung einer Frau in Afghanistan an. Es ist gruselig. Videos von Amnesty International, von küssenden Pärchen, mehrere Videos gegen Pegida. Sahra weiß nicht so genau, was das ist. Aber sie glaubt, es sind deutsche Faschisten. Die Deutschen haben Angst vor zu vielen Ausländern und sie haben Angst vor Faschisten. Sie haben vor vielen Dingen Angst. Vor dem Untergang des Planeten und vor Arbeitslosigkeit.

»14,10 Euro«, sagt die Bedienung.

Sahra rundet auf 14,50 Euro auf. Sonst gibt sie nie Trinkgeld, aber jetzt schon.

Der Beziehungsstatus von Basil ist Single und sie fühlt sich leicht. Es gibt keinen Grund, aber braucht man einen Grund, um sich erleichtert zu fühlen? Sie kann kaum glauben, dass er keine feste Freundin hat, er sieht jetzt noch besser aus als damals. Bestimmt hat er eine Freundin! Sie klickt sich durch seine Fotos. Er lebt in einem Heim, sitzt in einer Küche. In so einer Küche mit Bildern von Wiesen und Bergen hat sie auch ihre Zeit verbracht.

Ob er weiß, dass sie in Deutschland ist? Aber wie sollte er sie finden? Sie hat ihre Facebook-Seite unter einem falschen Namen eingerichtet. Da ist nichts, was sie verrät. Schließlich hatte sie schon immer Angst, ihr Vater könnte sie finden. Warum ist Basil nicht in Stuttgart, sondern in Köln? Er hat doch so oft von seinem Onkel Amer erzählt, der mit einem Türken zusammen in Stuttgart Häuser kauft und an Ausländer verkauft. Dieser Amer war wohl mit seinen Eltern aus Palästina gekommen. Wenn Basil von seinem Onkel redete, dann wurden seine Augen größer, dann sah er so hoffnungsvoll aus. Sie denkt an ihr Handy, auf dem sie die Fotos von sich und Basil hatte. Wenn man sein Handy verliert, verliert man Erinnerungen. Einige der Fotos hatte auch Basil von ihr gemacht. Sie schaut auf seiner Facebook-Seite weiter runter, in der Hoffnung, ein Foto von sich zu finden oder von Basil und Khalil oder von ihm und ihr. Doch da ist außer Basil keiner, den sie kennt.

Sie schreibt ihm eine Nachricht: »Hallo Basil, ich hoffe, dir geht es gut. Ich …« Sie löscht die Zeilen wieder. Es ist zu spät, um sich mit Basil in Kontakt zu setzen, zu viel Zeit ist vergangen. Wer weiß, was er von ihr denkt?

Sie klickt sich auf die Facebook-Seite ihres Vaters. Zigmal hat sie sie schon angeklickt. Aber nichts deutet darauf hin, dass er sie sucht. Keine einzige Zeile. Das letzte Foto von ihm und seinem Freund Kemal wurde erst vor drei Tagen gepostet. Die beiden sind auf einer Beerdigung. Aber vielleicht ist das Foto schon älter? Sie schaut durch die Scheibe zwischen einer grün-gelb leuchtenden Figur eines mexikanischen Reiters mit Sombrero hinaus auf den Platz. Was, wenn ihr Vater schon dort auf sie lauert?

Sie will, dass Basil hier ist. Er kann sie verstehen. Sie holt ihren Talisman aus der Tasche: die kleine schwarze Katze mit den blauen Augen. Dann macht sie ein Foto davon und klickt sich auf Basils Seite. Sie schickt es ihm.

Er wird wissen, dass die Nachricht von ihr sein muss. Und vielleicht wird er sich melden …

Es ist schon halb eins in der Nacht, als Sahra nach Hause zurückkehrt. Sie ist kreuz und quer in der Stadt umhergelaufen. Die letzten Meter vor dem Haus ist sie stehen geblieben, hat sich den Mantelkragen hochgeschlagen, schräg gegenüber in der Straße gewartet und geschaut, ob ihr Vater vor dem Haus lauert. Sie hat Maxim angerufen und ihn gebeten zur Haustür zu kommen, erst dann ist sie hinüber zum Haus gelaufen, als würde sie von einem Geist verfolgt. Ihre Lungen schmerzten, denn die Luft draußen war unendlich kalt. Maxim und seine Eltern hatten sie schon im Türrahmen in Empfang genommen und sofort wieder die Haustür hinter ihr geschlossen.

»Alles ist gut«, hatte Herr Wetenberg gesagt, und Frau Wetenberg hatte den gleichen Satz wiederholt.

Sahra sitzt jetzt im Wohnzimmersessel. Maxim und seine Eltern reden davon, dass sie sich Sorgen gemacht hätten. Sahra gehöre mit zur Familie. Sie könne nicht einfach so fortlaufen, ohne Bescheid zu geben. Sahra entschuldigt sich. Frau Wetenberg beteuert, dass ihr der neue Haarschnitt gut stehe. Der Bob bringe ihre hohen Wangenknochen und die dunklen großen Augen am besten zur Geltung. Maxim beobachtet sie stumm über den Tisch hinweg, während seine Mutter erzählt, dass sie beim Jugendamt angerufen habe. Sahra spürt seine Blicke, aber sie schaut ihn nicht an. Sie will wissen, was das Jugendamt gesagt hat.

Statt einer Antwort bekommt sie jedoch erst einmal von Maxims Vater ein Glas Mineralwasser. Dann erklärt Anna: »Ich hatte mich gefragt, wie dein Vater an unsere Telefonnummer gekommen ist – und an deine Handynummer. Aber die Frau vom Jugendamt, die zurzeit die Vertretung für Miriam Bönder macht, hatte keine Ahnung. Solche Informationen unterliegen dem Datenschutz, daher würde niemand vom Jugendamt diese Nummern weitergeben. Das sei ausgeschlossen. Besonders bei Jugendlichen seien die Ämter strikt. Aber es ist natürlich möglich, dass eine von deinen Mitbewohnerinnen im Heim die Nummer herausgegeben hat.«

Sahra möchte alleine sein.

Die Eltern sagen, dass sie dies gut verstehen können. Doch dann fragt Anna: »Willst du wirklich alleine in dein Zimmer? Wir können auch reden oder zusammen etwas fernsehen, sonst grübelst du nachher noch.«

»Lasst sie einfach«, erklärt Maxim. Sein Blick überfliegt kurz ihre Knie.

Sahra schlägt die Beine in die andere Richtung übereinander und lächelt Maxim an, fragt: »Geht es dir gut?«

»Klar. Meine Schwester wird von ihrem Vater bedroht. Der bringt uns vielleicht alle um. Warum sollte es mir schlecht gehen?«

»Du kannst dir deinen sarkastischen Unterton sparen«, sagt Alexander. »Wir müssen jetzt einen kühlen Kopf bewahren.«

Doch Maxim ist sauer, wütend erklärt er: »Ach ja? Wisst ihr eigentlich, dass Sahra und ich schon seit Wochen zusammen sind?«

Er hat die Bombe einfach platzen lassen.

Jetzt herrscht erst einmal Ruhe im Wohnzimmer. Keiner nippt am Wasser, keiner rührt sich.

Schließlich sagt Sahra: »Ich muss ins Bett, bin die ganze Zeit in der Stadt herumgelaufen und müde.« Als sie aufsteht, wirft sie Maxim einen vernichtenden Blick zu, geht in den Flur, zieht ihren Mantel aus, hängt ihn an die Garderobe und geht in ihr Zimmer, gerade so, als gebe es nichts mehr zu bereden.

Als sie die Tür hinter sich zudrückt, hört sie die drei reden. Sie kann und will nicht verstehen, was sie sagen. Sie dreht den Schlüssel im Schloss, wartet in der Dunkelheit des Raums, atmet ruhig ein und aus, ein und aus und setzt sich an ihren Schreibtisch. Sie will kein Licht, zieht sich aus, kuschelt sich unter die Bettdecke und schaut in die Dunkelheit. Sie will dieses Zimmer nicht mehr verlassen. Warum hat Maxim die Sache mit ihnen beiden bloß verraten müssen? Sahra will nicht aus der Familie geworfen werden.

Sie schaut auf ihr Handy. Es ist 0:56 Uhr. Basil hat nicht geantwortet. Ob er nicht antworten will? Oder hat er ihre Nachricht noch nicht gesehen? Sie schickt ihm eine Freundschaftsanfrage. Es passiert nichts. Maxim und seine Eltern sind nicht mehr zu hören, vermutlich sind sie ins Bett gegangen. Sahra stellt den Stuhl vor die Tür und klemmt die Lehne unter die Klinke. Dann zieht sie den Vorhang zu. Keiner soll in ihr Zimmer sehen können. Wenn ihr Vater kommt, weiß er wenigstens nicht, wo sie ist. Ob er ihr Handy orten kann?

Wann sie einschläft, weiß Sahra nicht.

Sie träumt von einem kleinen Mädchen. Sie erkennt das Gesicht. Es ist ihre Cousine Fahima, die damals bei ihnen zu Besuch war. Fahimas Haut an der Hand ist verbrannt. »Tu etwas!«, schreit Sahras Mutter verzweifelt, weil sie nicht weiß, wie sie helfen kann. Sie schreit und hält die Hand des brüllenden Mädchens. Sahra hockt auf dem Boden und sieht durch die Tränen hindurch zu ihrer Cousine. Die Nachbarin tritt ein und hält ein gerupftes Huhn in der Hand. Woher hat sie das? Sie reißt ihm die Haut ab. Sahra hört sie sagen: »Haut auf Haut. Inschallah. Haut auf Haut.«

Ihre Cousine ist noch so klein, wie der Arm der Mutter lang ist.

Nichts ist mehr auf dem Weg vor der Straße, nur die Schreie.

Sahra will sich die Hand vor die Augen halten, aber sie schaut zu, wie die Nachbarin nun ein Stück Hühnerhaut auf die verbrannte Hand der Cousine legt und ruft: »Halt es fest. Inschallah. Allah möge uns beistehen.« Die Haut des Hühnchens legt sich um die Hand ihrer Cousine wie ein Verband. Eine zweite Haut.

Sahra will nur weg, weg von diesem Asphalt, von diesem Haus, von ihrer Cousine, ihrer Mutter, der Nachbarin. Das Hühnchen liegt neben ihr auf dem Boden. Sie starrt auf das Tier und läuft mit dem Hühnchen in der Hand direkt in die Arme ihres Vaters, der gerade aus dem Teehaus zurückkommt.

Er streichelt ihr über den Kopf, beruhigt sie. Er ist lieb, so lieb wie ein Vater nur lieb sein kann. Seine Stimme ist sanft und warm. Sahra ist ganz nass, weil das Hühnchen im Wasser gelegen hat. Sie schaut hinüber zu ihrer Cousine, dann schmiegt sie sich an ihren Vater und erwacht.

Es ist still im Zimmer.

Stockdunkel und still wie in einem Grab.

Ist sie tot?

Sahra ist noch ganz in dem Traum gefangen. Sie versucht, die Geschichte des Traums wieder zusammenzusetzen. Ihr Vater, die Haut, das Hühnchen. Sie bekommt den Traum nicht mehr zusammen. Es ist, als wolle sie ein kaputtes Spinnennetz reparieren. Die Hand ihrer Cousine war für immer vernarbt. Als Sahra Fahima das letzte Mal gesehen hat, war ihre Hand immer noch schrecklich anzusehen. Die Haut ist braun und blass und nicht glatt, sondern eher wie gewelltes Papier.

Sie hört ein Geräusch. Es muss aus dem Garten kommen. Oder bildet sie sich das nur ein? Sie zieht den leichten Vorhang ein wenig zur Seite und lugt durch den Spalt hinaus in die Nacht. Ihr Blick aus dem Fenster zeigt den Garten. Die Nachbarn drüben haben seit Weihnachten eine Girlande brennen, die sie zum Fest um den blau-weißen Strandkorb gewickelt hatten. Der Schnee ist längst geschmolzen. Das Dach des Nachbarhauses glitzert ein wenig rötlich von der Straßenlaterne, die zwischen den Häusern von der Straße her in die Gärten scheint.

Sie sieht einen Schatten gleich neben den Büschen am Zaun vor ihrem Haus. Der Schatten bewegt sich. Das könnte ein Mensch sein. Mit einem Schlag ist ihr kalt unter dem Nachthemd. Der Schatten bewegt sich nicht mehr, ist starr, wie festgefroren. Dann verändert er sich und weg ist der Schatten. Was war das? Sie kann es nicht sagen. Sie weiß nicht einmal, ob sie gerade träumt oder wach ist. Minutenlang starrt sie auf die Stelle am

Zaun, wo eben der Schatten gewesen ist, und wartet ab. Sie schaut auf den Vorhang. Er ist weiß wie leblose Haut. Sie wartet.

Nichts geschieht. Alles schläft.

Erst gegen Mittag erwacht Sahra. Keiner hat sie geweckt. Sie geht zum Fenster. Dort, wo heute Nacht der Schatten gewesen ist, sind Fußabdrücke zu sehen. War ihr Vater wirklich heute Nacht hier?

Es ist Samstag und Maxims Eltern sind zu Hause. Der Samstag ist ihnen heilig. Es wird ausgeschlafen, dann kümmern sie sich erst um die Besorgungen, kaufen Lebensmittel ein und Maxims Vater holt die Wasserkästen. Die Wetenbergs leben an den Wochenenden nach der Uhr, sie sind wie Zeiger auf dem Zifferblatt, die immer auf der gleichen Bahn kreisen. Solche Uhren wissen nicht, dass die Zeit auch weiterläuft, wenn sie sich nicht mehr um ihren Mittelpunkt drehen. Morgen ist Sonntag, da werden sie gemeinsam etwas unternehmen, sie treffen sich mit Freunden, seltener mit Verwandten.

Die Deutschen haben nicht so viele Verwandte. Das ist Sahra sofort aufgefallen, als sie zu den Wetenbergs kam. Wenn man Deutsche fragt, was eine Familie ist, so sagen sie Mutter, Vater, Kind, vielleicht noch Oma und Opa – Onkel und Tante, Großtante und Großonkel,

Cousine und Neffe, Schwager und Schwägerin gehören schon nicht mehr zum engen Kreis.

Sahra trägt ihre schwarze Leggings und ein langes Shirt und schleicht sich ins Bad. Sie will nicht reden. Auf dem Flur begegnet sie Anna, die freundlich fragt, ob sie frühstücken möchte. Eigentlich ist sie nicht hungrig, aber sie nickt.

Sie haben alle auf sie gewartet und wollen ruhig wirken und sind deshalb umso aufgeregter.

»Tee?«, fragt Anna.

Sahra nickt.

»Brötchen oder Croissant?«, fragt Alexander.

»Croissant«, antwortet sie.

Alles steht aufgebacken bereit, dazu gibt es Marmelade.

Maxim sitzt direkt neben Sahra. Er lächelt gut gelaunt.

Anna sagt: »Es freut mich, dass du Hunger hast.«

Sie hat keinen Hunger, aber sie beißt in das Croissant, krümelt sorgsam auf das Brettchen vor sich und nippt am Tee. Dann legt sie das Croissant auf ihren Teller und geht zur Terrassentür. Sie fragt: »Sind das dort drüben Schuhabdrücke?«

»Die sind vermutlich von mir«, erklärt Maxims Vater, der neugierig hinzugekommen ist. »Ich habe am Mittwoch den Zaun mit einer Klammer befestigt. Das Ding ist durchgerostet. Vermutlich sind meine Fußabdrücke im Beet gefroren.«

»Von heute Nacht sind sie also nicht?«

»Es hat gefroren. Da müsste schon einer mit einem Eispickel Fußabdrücke in den vereisten Boden hauen. Nein. Diese Schubabdrücke sind schon ein paar Tage alt.«

Sahra weiß, dass nun jeder ahnt, was sie gedacht hat.

Sie setzt sich wieder an den Tisch. Maxim sieht von seinem Brötchen auf, das er gerade mit Leberwurst beschmiert.

Sie sagt: »Es ist ein guter Tag.«

Dabei schaut sie auf ihr Handy und sieht, dass Basil geantwortet hat. Sie kommt nicht dazu, seine Nachricht auf Facebook zu lesen, denn Maxim legt unerwartet seinen Arm um ihre Schulter. Sie lächelt, dann fällt ihr Blick auf Alexander und Anna, die beide zufrieden aussehen. Finden sie es gut, dass sie mit Maxim zusammen ist? Sahra wird heiß. Sie würde am liebsten seine Hand von ihrer Schulter wischen, aber sie lässt sogar den Kuss zu, den er ihr auf die Wange drückt.

Er sagt: »Hey.«

Ihr Gesicht ist jetzt ganz dicht an seinem. Die Situation ist ihr peinlich. Sie will nicht so dicht bei ihm sein, wenn Anna und Alexander zuschauen.

Maxim wiederholt sein Versprechen: »Mach dir keine

Sorgen, Sahra. Hier bei uns bist du sicher.« Sie glaubt ihm nicht. Egal wie oft er und seine Eltern es noch beteuern werden. Das sind alles nur leere Sprüche. Sie bittet darum, dass sämtliche Rollos der Vorderfenster im Haus heruntergelassen werden. So könne ihr Vater zumindest nicht zu ihnen hineinschauen.

*****

Tobias und ich haben im Hotel eingecheckt.

Die Farben im Zimmer sind Rot und Weiß.

Tobias bezieht oben sein Bett, ich unten. Ganz ähnlich sah der Schlafsaal bei den Baptisten aus. Möglichst viel Mensch auf möglichst wenig Raum. Nur ein Zwerg könnte sich hier in dieser Schachtel wohlfühlen. Es regnet draußen, als seien die Schleusen im Himmel geöffnet worden.

»Du musst die Hoffnung, Sahra wiederzusehen, nicht aufgeben«, tröstet Tobias mich.

Ich entgegne ihm: »Hoffnung drückt dir die Hand auf Mund und Nase, bis du erstickst. Hoffnung ist ein Schmerz. Ich will diesen Schmerz nicht mehr. Ich weiß ja nicht einmal, ob sie noch lebt.«

Ich solle erzählen, sagt Tobias, denn »Reden reinigt«.

Vielleicht hat er ja recht. Vielleicht sind Worte wie Wasser und reißen alles mit sich, spülen die schlechten Gedanken aus dem Kopf. Die Erde musste überflutet werden, damit wir von Neuem beginnen können. Ich zeige ihm am Laptop das Video einer Frau in Afghanistan, die verängstigt in einer Kuhle hockt. Sie wird mit Steinen beworfen. Die Werfer rufen: »Allahu akbar!« Verhüllte Menschen, starr und hart sind ihre Mienen. Die Frau hält sich die Hände vors Gesicht, sie macht sich klein, versinkt geradezu im Boden, will den Schmerz nicht. Ein Mann kommt und reißt sie an den Haaren. »Allahu akbar!« Die anderen sollen ihr Gesicht besser treffen können. Sunna, wonach wir leben, wonach wir strafen. »Allahu akbar!« Die Steine sind groß wie Fäuste, schwer wie die Schuld. Die Frauen tragen Kopftücher und sind fromm. »Allahu akbar!«, rufen sie, und Allah ist groß in ihren Köpfen wie eine schwarze Qualle. Ich muss an die Flagge des IS denken. Sie ist schwarz, schwarz wie ihre Kleidung, schwarz wie der Tod, und schwarz sind auch die Steine, die so lange von Männern und Frauen geworfen werden, bis die Angeklagte tot und erlöst ist. »Allahu akbar!« Vier Zeugen braucht man, um einen Ehebrecher anzuklagen, vier Zeugen, die gesehen haben, wie er das Glied in sie schob.

Tobias ist entsetzt von dem Video.

»Warum tun die das?«

»Diese Frau sollte einen Mann heiraten. Ihr Vater hatte sie verkauft. Sie aber hat einen anderen Mann genommen. Daher wird sie gesteinigt.«

»Warum filmen die so was überhaupt?«

»Mit solchen Videos wollen sie Angst und Schrecken verbreiten. Eure Gesetze zielen darauf ab, dass sich der Schuldige ändert. In der Scharia geht es um Abschreckung und das ewige Leben. Die Sünden sollen der Frau genommen werden, damit sie im Jenseits rein ist. In der Bibel ist übrigens auch von Steinigung die Rede. Die Baptisten haben mir davon erzählt. Sie halten nichts davon.«

»Man kann die Bibel halt wörtlich oder ernst nehmen«, entgegnet er mir. »Das mit den Strafen ist sowieso Schwachsinn, egal ob in der Bibel oder im Koran. Sie können doch gar nicht von Gott gegeben sein. Sonst wären sie ja zeitlos. Aber was war mit den Menschen, die noch nichts von Bibel und Koran wussten, die vor zehntausend Jahren auf der Erde gelebt haben? Was für Gesetze hatten die? Oder schmoren die alle bis heute in der Hölle? Das religiöse System ist nicht logisch. Es sind Bücher, die geschrieben wurden, um die Fragen der Leute zu beantworten und um Regeln des Zusammenlebens zu schaffen. Jetzt haben wir die Gesetze des Staates.«

So habe ich das noch nie gesehen.

Ich mag Tobias und ich mag sein Denken.

Die Deutschen überraschen mich immer wieder. Kein Syrer hätte damit gerechnet, dass uns ausgerechnet die

Deutschen helfen. Kein Araber ist für uns da. Die Deutschen haben keinen Vorteil von uns und trotzdem helfen sie uns. Sie schreiben Geschichte, denn sie haben unsere Herzen gewonnen, und das werden wir ihnen nicht vergessen.

Tobias sagt, er wolle mal kurz etwas im Netz suchen.

Er hackt in Youtube die Worte *Steinigung* und *Monty Python* ein.

Die Suchmaschine sucht, während draußen die Welt unterzugehen droht. Aus dem Regen wird Hagel. Wir befinden uns hier mitten in einem Industriegebiet. Es donnert und der Wind drückt gegen die Scheibe. Tobias meint, ich solle mir die Satire von *Monty Python* anschauen. In dem Video sehe ich eine Frau, die mit ihrem Sohn Brian zu einer Steinigung geht. Die Frau hat sich einen Bart angeklebt, denn nur Männer dürfen zur Steinigung.

Tobias grinst: »Übrigens kann man sich in Istanbul eine Barthaartransplantation machen lassen. Boomt total. Denn die Saudis und Kuwaitis brauchen einen dichten Bart, um ihre Bräute und den Imam zu beeindrucken.«

Während er dies sagt, kommt Brian mit seiner Mutter an einem Steineverkäufer vorbei, der frische Steine für die Steinigung anbietet. Das ist witzig gemacht. Ich wusste nicht, dass in Westeuropa solche Filme gedreht werden. »Siehst du, so weit waren wir bereits Ende der Siebzigerjahre. Wir haben das ganze Thema Steinigung schon vor vierzig Jahren nur noch satirisch gesehen. Heute würden die *Monty Pythons* dafür sicherlich von irgendwelchen Fanatikern selbst gesteinigt.«

Es gefällt mir nicht, wie er über all dies lacht. Es ist ein bisschen hochnäsig, als ob wir alle noch im Mittelalter leben würden. Ich habe keine Lust mehr, mit ihm über das Versagen der arabischen Kultur und Politik zu spotten. Ich frage ihn, ob wir nicht weiterarbeiten können.

Tobias legt seine Finger auf die Tastatur.

Er will wissen, wie ich mit dem Boot von der Türkei hinüber nach Griechenland gekommen bin. Das schlechte Wetter vor dem Fenster unseres Hotels passt zu jener Weltuntergangsstimmung, die ich in der Nacht hatte, als ich in der Nähe von Istanbul aus dem Bus stieg. Ich war damals gerade aus dem Gefängnis entlassen worden und hatte kein Geld. Drei Monate hatte ich eingesessen, weil unser Boot bei meiner ersten Flucht übers Meer von der Küstenwache aufgegriffen worden war.

Jetzt sollte alles besser laufen. Meinen Schleuser Hammed kannte ich aus dem Gefängnis. Er war die ganze Zeit über nett zu mir gewesen. Hammed kannte viele Leute im Gefängnis und in Istanbul. Die Wärter behandelten ihn besser als uns, fast so wie einen von ihnen. Er sagte mir, dass ich für die Überfahrt nichts zahlen müsse, ihm jedoch einen Gefallen tun solle.

Tobias unterbricht mich. Er will wissen, ob es normal ist, den Schleuser im Gefängnis kennenzulernen.

»Nein«, sage ich. »Das mit Hammed war ein Zufall. Normalerweise fährt man mit der Metro zum Aksaray-Platz in Istanbul. Der liegt etwas abseits von den Touristenströmen. Direkt vor dem Eingang zur Metrostation warten die Schleuser auf Kunden. Aber bei ihnen muss man zwischen 900 und 1200 Dollar für die Überfahrt zu einer der griechischen Inseln zahlen. Die Schwimmwesten gibt es in den Läden am Platz zu kaufen: Schlecht und teuer sind sie immer – und meist orange oder rot. Die Schleuser werben mit sicheren Booten und neuen Motoren, aber die Versprechen stimmen nicht. Ich hatte für meine erste Überfahrt 1100 Dollar gezahlt und dann ist unser Motor kaputtgegangen. Nachdem ich jetzt im Gefängnis gesessen hatte, besaß ich natürlich überhaupt kein Geld.«

Ich wusste nur den Namen der Bushaltestelle, an der ich ausgestiegen war. Ich hatte die Nase voll von Istanbul. Die Stadt ist zu groß und riecht unter den Achseln. Achtzehn Millionen Menschen. Die Bewohner sind bitter zu mir gewesen wie giftige Kröten. Eine solche Stadt ist nur gut für Menschen, die Geld besitzen, für Touristen und Pilger. Diese Welt ist ohnehin für Menschen gemacht, die Geld besitzen, das war schon immer so. Die Istanbuler verschlossen ihre Wagen, wenn ich sie anbettelte, meine Hand nach Lira aufhielt. Es war ein übles Leben. Die Istanbuler beten zu Gott, aber nur für sich und ihre Verwandten, mit uns Arabern wollen sie nichts zu tun haben, auch nicht mit den Persern. Die sind nur Schmutz unter ihren Schuhen, Ratten in ihren Gassen. Es gibt kein Mitleid in Istanbul. Zu viel Energie, zu viel Chaos und Egoismus. Ich will nicht wissen, wie schlimm es jetzt dort ist. Erdogan erhält von Merkel und der EU Geld für die Flüchtlinge. Je weniger er über die Grenze lässt, desto mehr Geld bekommt er bestimmt. Sie lassen sich von ihm erpressen und er spielt mit ihnen. Für uns hat er nichts übrig, für ihn sind wir nicht mehr als eine Karte in seinem Spiel.

Ich stand also an der Bushaltestelle und es war Nacht. Die Sterne waren gut zu sehen, denn Istanbul lag weit genug entfernt. Eigentlich wollte ein Freund von Hammed mit einem roten Rucksack hier an der Haltestelle auf mich warten. Stattdessen wartete ich nun auf ihn. Niemand war mit mir ausgestiegen und kein Mensch war zu sehen. Vermutlich war es der letzte Bus heute Nacht gewesen. Ich sah ein paar Häuser, in denen Licht brannte, und einen kleinen Laden, in dem kein Licht mehr brannte, dafür aber die Neonreklame.

Warum kam er nicht?

Ich hatte ein Netz, aber Hammed ging nicht ans Handy. Sofort sprang seine Mailbox an. Ich wollte nicht daraufsprechen. Mir war nicht wohl bei dem Gedanken, hier lange warten zu müssen.

Doch was sollte ich machen?

Hammed hatte mir gesagt, dass ich mit seinem Freund gemeinsam Richtung Küste gehen würde. Er wollte vielleicht noch jemanden mitbringen. Ich wartete eine halbe Stunde, dann konnte ich nicht mehr warten, denn um zwei Uhr wurde ich an der Küste erwartet. Ich folgte also meinem Handykompass. Die Küste lag in westlicher Richtung. Das wusste ich. Der ausgemachte Ort sollte etwa zwei Kilometer von hier entfernt sein. Es war eine kleine Bucht. An deren Rand sollte unser Schlauchboot liegen. Das wusste ich auch, aber mehr wusste ich nicht. Ich war nervös. Wenn mich die türkische Polizei heute Nacht erwischen würde, so würde sie mich zurück nach Syrien bringen oder noch länger einsperren. Da war ich mir sicher. Jedenfalls lief ich schnurgerade Richtung Küste. Die Gegend am Meer ist fruchtbar, doch in der Nacht gibt es keine Farben, kein Grün, kein Gelb, nur Grau und Schwarz. Schließlich hörte ich Stimmen. Der Wind wehte sie über den Hügel, der vor mir lag. Es mussten Hunderte Menschen sein. Ein Mann kam aus der Dunkelheit von der Seite auf mich zu.

Ich zuckte zusammen. Er hatte eine schwere Pistole in der Hand und fragte mich unfreundlich: »Wer bist du?«

»Basil.«

»Hakim«, sagte er. »Wer schickt dich?«

»Hammed.«

»Und wo ist Yussuf?«

Damit meinte er sicherlich Hammeds Freund, auf den ich vergeblich gewartet hatte.

»Nicht gekommen«, sagte ich.

Hakim musterte mich. Er hatte ein schmales Gesicht, einen kurzen Bart und einen Bauchansatz. Ich schätzte ihn auf etwa vierzig. Er wirkte schmierig; dem Hemd fehlten Knöpfe, und die wenigen Haare glänzten im Mondschein ölig.

»Ist das Meer hinter dem Hügel?«, fragte ich.

Er antwortete nicht, sondern klopfte mir auf die Schulter.

»Und wo ist Yussuf?«, wollte er wieder von mir wissen. Hatte er meine Antwort eben nicht gehört? Ich war verwirrt.

Hakim schlug mir leicht auf den Hinterkopf. »Bist du blöd? Stammel nicht!« Er war plötzlich aggressiv wie einer, dem man gerade Salz in die Wunde gestreut hat. »Rede. Verarsch mich nicht! Wo ist er?«

»Ich weiß es doch nicht. Yussuf war nicht an der Bushaltestelle.«

»Und der Rucksack?«

Ich wusste nicht, wovon er redet. »Was für ein Rucksack?«

Hakim trat jetzt ganz dicht an mich heran. Er war sauer. »Ein Rucksack. Rot wie Scheiße!« Er leuchtete sich mit seiner Taschenlampe selbst ins Gesicht. »Schau mich an und sag die Wahrheit.«

»Ich weiß von nichts. Wirklich.«

»Das soll ich dir glauben? Belüg mich nicht.« Er klopfte mir mit der Pistole gegen die Schulter. Mir wurde heiß. Sein Mund war dicht an meinem Gesicht. Sein Atem roch nach warmem, gekochtem Fleisch. »Wenn ihr mich verarscht, bring ich euch um.«

Ich stand vor ihm und es war still. Wir hörten das Meer, die Menschen und das Zirpen der Grillen. Was sollte ich tun?

Hakim leuchtete jetzt mit der Taschenlampe Richtung Hügel. Er schien mir zu glauben, dass ich von nichts eine Ahnung hatte. Jedenfalls sollte ich ihm folgen. Wir gingen über den Hügel zum Ufer. Dort warteten schon die übrigen Passagiere. Sie hatten ein Feuer gemacht.

»Hatten sie keine Angst entdeckt zu werden?«, unterbricht mich Tobias.

»Ich weiß es nicht. Wenn ich jetzt darüber nachdenke, so war es nicht logisch, trotzdem brannte das Feuer. Wir konnten sogar den nächsten Ort an der Küste sehen.

Und sicherlich konnten auch dort die Leute unser Feuer erkennen. Ich glaube, die türkischen Grenzer hatten gar kein Interesse uns aufzuhalten. Schließlich ist jeder froh uns los zu sein.«

»Warum stecken sie euch dann ins Gefängnis, wenn sie euch fassen?«

Ich weiß es nicht. Ich kann Tobias keine Antwort darauf geben und zucke mit den Schultern.

»Das ist nicht logisch«, sagt er.

Ich nicke.

Ich stütze meine Hände auf den Tisch neben dem Laptop und lese den letzten Satz, den er notiert hat:

Sie hatten Feuer gemacht.

Ich diktiere ihm, dass ich mich auf die Wurzel eines Baumes setzte und zu einer Mutter hinübersah, die ein Baby in ihren Armen schaukelte.

»Woher kommst du?«, fragte mich ein Junge, der alleine war wie ich.

Eben hatte ich noch gedacht, dass er zu einer Familie gehörte, aber er hatte sich nur zu den Leuten gesellt. Es ist ein gutes Gefühl, in der Nähe einer Familie zu sein. Ich habe mich auch manchmal irgendwo dazugestellt. Die Familie bemerkt dich gar nicht, aber du selbst fühlst dich gut.

»Also, sag schon, woher du kommst!«, forderte der Junge.

»Aus dem Gefängnis«, sagte ich scherzhaft, obwohl es kein Scherz war. Aber ich hatte in jener Nacht meine Gedanken und Sätze nicht mehr wirklich unter Kontrolle.

»Aus dem Irak?«, fragte er.

»Aus dem Gefängnis«, wiederholte ich und erklärte: »Ich komme immer vom letzten Ort, an dem ich gewesen bin. Und das ist diesmal das Gefängnis.«

Der Junge sagte, dass er auch im Gefängnis gewesen sei. Dort habe er sich mit einem Perser geschlagen. Der habe ihn gestoßen, sodass sein Teller mit Reis und Bohnen zu Boden gefallen sei. Der fehlende Zahn sei die Erinnerung daran. Wie zum Beweis öffnete er den Mund und schob seine Zunge in die Zahnlücke. Er fand das lustig und wir lachten.

Der Mond spiegelte sich im Wasser. Glatt und ruhig war die See.

»Ob wir tagsüber von der Stelle hier bis zur griechischen Küste hinüberschauen könnten?«

Ich sage: »Glaube nicht. Es ist zu weit weg.«

Das Schlauchboot lag im Wasser. Ein Mann hielt es an einem Seil wie ein Pferd. Die Wellen spielten mit ihm.

»Yussuf kommt nicht«, fuhr mich Hakim aus der Dunkelheit heraus erneut an. Er befahl dem Jungen sich zu verkrümeln. Mich blaffte er an: »Ich sollte dich hierlassen. Typen wie du bringen nur Unglück. Aber Hammed hat mir gesagt, dass ich dich mitnehmen soll.«

»Haben Sie mit ihm gesprochen?«

»Wie sollte ich es sonst wissen?«, blaffte er mich an und ging auf einen Mann zu, der einen Rucksack neben sich stehen hatte. Er war rot. Ob es der erwartete Rucksack war?

»Was war denn in dem Rucksack?«, unterbricht mich Tobias und schaut von seinem Laptop auf.

»Weiß nicht. Vermutlich Heroin.«

»Wie kommst du denn darauf?«

»Später hat mir Henry in Athen gesagt, dass in der Türkei tonnenweise Heroin aus dem afghanischen Opium produziert wird. Und das wird dann nach Russland, aber auch über die Balkanroute nach Westeuropa gebracht.«

Tobias sagt, er sei erstaunt. Darüber habe er noch nie etwas gelesen. Wir schauen im Internet nach und finden tatsächlich Artikel dazu, dass in Afghanistan rund 80 Prozent des Opiums auf der Welt erzeugt werden. Angeblich verdienen die türkischen Händler und der IS mit daran.

»Also waren in dem Rucksack Drogen?«

Ich zucke mit den Schultern.

»Was denn sonst?«, fragt Tobias. »Wie hast du eigentlich den Schleuser bezahlt?«

Mir ist heiß. Ich merke, wie meine Hände schwitzen und Übelkeit in mir hochsteigt. Ich hätte ihm besser nichts davon erzählen sollen. Ich beteuere: »Ich wusste es wirklich nicht.«

»Du hast es nicht wissen wollen.«

Ich nicke. Er hat recht. Ich hätte fast etwas Falsches getan.

Die Not macht den Menschen schlecht.

»Ist ja gut, beruhig dich.« Er sagt, ich solle mich aufs Bett setzen. »Ich glaube dir. Du warst ja erst fünfzehn. Ich weiß nicht, was man mir in dem Alter alles hätte erzählen können.«

Wir schauen weiter im Netz nach Drogen, Heroin, Dealern, Schleusern und finden einen Artikel der *Märkischen Onlinezeitung* mit dem Titel: *Heroin-Kurier auf »Helferfahrt«*. Darin geht es um einen Deutschen, der vermeintlich als Fahrer illegal syrische Flüchtlinge mit falschem Pass nach Deutschland gebracht haben soll. Nebenbei wurden in dem Wagen auch noch zwölf Kilo Heroin transportiert, von denen der Flüchtlingsschmuggler jedoch nichts gewusst haben will. Er beteuert, naiv gewesen zu sein. Wir finden noch weitere Artikel über Heroin, Opium und die Route über den Balkan.

Tobias will wissen, ob wir in Griechenland von den Grenzern direkt kontrolliert worden seien.

Ich schüttele den Kopf.

»Und der Typ mit dem roten Rucksack?«

»Ich weiß es nicht. Ich war nur froh, dass ich die Überfahrt heil überstanden hatte.«

Tobias klappt seinen Laptop zu.

Ich schweige. Das Klacken des Laptops ist das einzige Geräusch in diesem kleinen Raum.

Dann sagt er entschlossen: »Morgen fahren wir ins Saarland. Wenn wir schon nicht nach England fahren können, so werden wir zumindest deine Reise zurückverfolgen. Und dazu müssen wir erst einmal nach Lebach, wo du gewesen bist.«

Als wir am nächsten Tag gegen zwölf Uhr über die deutsche Grenze fahren, schneit es. Aber der Schnee bleibt nicht liegen. Ich ertrage dieses nasskalte Wetter nicht mehr. Der Himmel ist so grau wie der Asphalt und der Asphalt ist so grau wie meine Gedanken. Ich werde Sahra vermutlich nie wiedersehen. Wenigstens kann ich jetzt meine Handydienste wieder anschalten, wenigstens WhatsApp und Facebook, Instagram und Twitter benutzen. Ich habe mehrere WhatsApp-Nachrichten von Nina erhalten: Sie will wissen, wo ich bin. Von Nachricht zu Nachricht wird sie wütender. Sie sei für mich verantwortlich. Ich könne nicht einfach so abhauen, nur um Sahra zu finden. Ich solle mich sofort melden, ich werde Ärger bekommen, und so weiter. Sie ist hilflos, sonst wäre sie nicht so aufgelöst. Woher weiß sie, dass ich auf der Suche nach Sahra bin? Vermutlich hat sie mit Fesseha geredet. Auf Facebook hat mir eine gewisse Jamila ein Foto von einem Kuscheltier geschickt.

»Das ist Sahras schwarzer Kater!«, sage ich aufgeregt.

»Was ist?« Tobias weiß nicht, wovon ich rede. Er ist müde von der Fahrt und von der durchwachten Nacht im Hotel. Wir haben noch lange im Bett geredet. Besser gesagt: Er hat von Jessi und Zeta gesprochen und ich habe nicht schlafen können.

Ich zeige ihm das Foto.

»Na und?«

»Das ist Sahras Talisman. Er gehört ihr. Ich habe dir doch davon erzählt!«

»Weiß nicht.«

Ich klicke mich auf Jamilas Facebook-Seite. Das Profilbild des Mädchens ist ein Foto aus Homs. Ob das wirklich Sahras Seite ist? Der zentrale Platz von Homs ist zu sehen, mit Fahnen, Palmen und dem Monument. Tausende Menschen sind darauf versammelt. Ich muss an meine Mutter denken, an ihre Batata Mahshi; sie machte die leckersten gefüllten Kartoffeln, mit mehr Knoblauch und aromatischeren Tomaten darin als bei irgendjemandem sonst. Warum habe ich jetzt gerade diesen Geruch in der Nase? Ich weiß es nicht. Ich weiß auch nicht, warum ich jetzt an meine Tante Fatima denken muss, von der wir die Tomaten bekamen. Sie hat einen kleinen Garten. Der Duft von Batata Mahshi, das Bild von Tante Fatima, die ihren Mann ins Grab gekeift hat. Vielleicht muss ich daran denken, weil alle Fotos auf Jamilas Seite noch aus der Zeit vor dem Krieg stammen, von einem Geburtstag, einer Hochzeit. Das ist eine Seite, die gar nicht vom heutigen Syrien erzählt. Aber das Kuscheltier gehört Sahra, da bin ich mir sicher!

Ich schicke Jamila eine Freundschaftsanfrage und suche vergebens nach einem Bild von ihr auf der Seite, sehe, dass ihre ehemaligen Profilbilder Stadtansichten von Aleppo und Damaskus gewesen sind. Es gibt nichts Persönliches, alles ist verborgen. Ich googele ihren Namen, was mich auch nicht weiterbringt.

Wer bist du?, schreibe ich. *Woher hast du den Stoffkater?*

Zu Tobias sage ich: »Entweder kennt das Mädchen Sahra oder sie ist es selbst. Aber warum schreibt sie mir nicht unter ihrem Namen? Warum nennt sie sich Jamila?«

Tobias zuckt mit den Schultern. »Frag mich was Leichteres.«

Ich muss auf ihre Antwort warten und rufe nochmals ihre alte Handynummer an. Aber sie ist tot wie eh und je. Ich schaue auf Facebook. Vielleicht antwortet sie ja bald?

Tobias redet zwischendurch mit mir, aber ich rede nicht.

Das Ortsschild von Lebach ist erreicht.

»Hier hast du also gewohnt?«

»Nur kurz«, sage ich.

»Was weißt du denn über Lebach?«

»Nicht viel«, sage ich.

Tobias möchte, dass ich die Stadt google: Lebach hat 19261 Einwohner und liegt 275 Meter über dem Meeresspiegel, während des Zweiten Weltkriegs kamen viele Flüchtlinge aus dem Saartal in den Ort, später gab es hier ein Flüchtlingslager, Vertriebene und Aussiedler folgten; heute befindet sich in Lebach das Bundesamt für Migration und Flüchtlinge sowie das Landesamt für Ausländer- und Flüchtlingsangelegenheiten. Insgesamt wohnen 4000 Flüchtlinge in Unterkünften, die für 1500 Personen ausgelegt sind. Mit Zelten versucht die Stadt den knappen Wohnraum auszugleichen. Ich finde einen sogenannten Brandbrief des Bürgermeisters. Darin schreibt er: *Mit steigender Anzahl von Bewohnern pro Quadratmeter steigt auch das Konfliktpotenzial.* Ich finde keine Zahlen darüber, wie viele Syrer und Iraker, Iraner und Afghanen in Lebach leben, keine Angaben dazu, wie viele Männer und Frauen oder Kinder es sind.

Als ich vor bald zwei Jahren hier war, waren nicht einmal alle Zimmer in den kasernenartigen Häusern belegt, jetzt gibt es zu wenig Platz.

»Wo ist denn das Lager?«, will Tobias wissen.

Ich sage, dass wir am Bahnhof und am Kaufland vorbeimüssen. Ich muss an die Fahrt mit der Bahn denken, wenn ich von hier aus nach Saarbrücken gefahren bin. Tobias hat davon gelesen, dass die Flüchtlinge bei Zalando Sachen eingekauft, aber nicht bezahlt haben sollen.

»Was ist daran so interessant?«, frage ich ihn genervt. Ich habe keine Lust auf negative oder witzige Geschichten von Asylbewerbern. Ich weiß ja nicht einmal, wer bei Zalando die Sachen bestellt hat. Waren das überhaupt Syrer?

»Bist du schlecht gelaunt?«, fragt er. Als ich mit Schweigen antworte, meint er: »Wir sollten uns das Lager ein bisschen genauer anschauen.«

»Warum?« Warum soll ich noch einmal zurück in diese runtergekommenen Häuser, in denen kein Mensch leben möchte? Wir fahren die Hauptstraße entlang, rechts und links leben Flüchtlinge, manche schon seit Jahren. Einige haben eine feste Arbeit, aber sie dürfen sich keine Wohnung nehmen, weil sie staatenlos sind; andere hausen in Zelten. Ich muss mich zusammenreißen, will nicht sauer auf Tobias sein. Schließlich ist er mit mir nach Paris gefahren. Er ist der Einzige, der sich überhaupt für meine Geschichte interessiert.

»Die Schulen in Lebach sind gut«, sage ich, um etwas Neutrales zu sagen. »Ein Bekannter von mir geht auf die erweiterte Realschule in der Mottener Straße.«

»So genau weißt du das?«

»Habe ihn oft genug besucht. Seine Eltern sind aus dem Irak. Sie leben hier in einem der Häuser.«

»Lass sie uns besuchen.«

Ich traue mich nicht »Nein« zu sagen und lüge: »Ich weiß nicht, wo sie wohnen.«

»Wo ist denn die Realschule?«

»Ein Stück von hier, oben auf dem Berg. Osman wird dort kommenden Sommer seinen Abschluss machen.«

»Dann fahren wir gleich einfach mal zur Schule.«

Ich wehre seinen Vorschlag ab: »Es ist Samstag. Da ist keine Schule.«

Tobias bremst und parkt vor einem der Häuserblocks. »Lass uns mal gucken.«

»Ich möchte nicht«, sage ich.

»Was soll das? Wir wollen uns doch deinen Weg näher ansehen. Wovon soll sonst der Roman handeln?«

»Geht es dir nur um den Roman?«

»Du willst doch auch, dass wir zusammen …«

»Du hast mich nicht gefragt, was ich will.«

Wir haben geparkt. Ich sitze im Auto und Tobias hält

schon den Türgriff in der Hand. Er will raus, will sich in den verrottenden und mit Graffiti besprühten Häusern umschauen. Da, wo schon zigtausend Flüchtlinge gelebt haben und Russisch, Albanisch, Deutsch, Polnisch, Persisch und Arabisch gesprochen wird. Hier ist Babylon. Auf meiner ganzen Flucht habe ich mich nicht zu Hause gefühlt und hier schon gar nicht.

»Vergiss Sahra«, sage ich. »Ich will sie nicht mehr treffen.«

Tobias lässt den Türgriff los. »Was meinst du mit ›Vergiss Sahra‹?«

»Lass uns weiterfahren, zurück nach Köln.«

»Gestern wolltest du doch unbedingt wissen, wo sie ist!«

»Ich fühle mich elend. Ich weiß nicht, was ich will. Ich …«

Der gestrige Tag steckt mir noch in den Knochen: Mein Knöchel schmerzt, und ich sehe Tobias' Schürfwunde, sehe den hasserfüllten Blick Khalils, wie er mit den 3000 Euro vor meiner Nase wedelte, als könne er damit Allah schmeicheln; ich sehe, wie ich im Regen durch Paris laufe und die Kälte mir in jede Pore dringt, meine Jacke schwer und schwerer wird und dieser widerliche Jamal seinen Fuß auf meinem Kopf abgestellt hat. Der kalte Schmutz in meinen Augen. Ich will nach Köln, endlich ankommen und mit allem abschließen, was gewesen ist. Ich will nur noch meinen Schulabschluss machen und vielleicht bekomme ich ja wirklich das Stipendium und kann Fremdsprachenkorrespondent werden.

»Die Welt gehört dem, der handelt«, sagt Tobias.

»Das habe ich gesagt.«

»Nein, Khalil. Trotzdem stimmt es.«

Mein Handy zeigt mir, dass ich eine Nachricht auf Facebook habe.

»Du willst doch jetzt nicht ans Handy«, sagt Tobias entrüstet.

Ich klicke die Nachricht an.

»Es ist Jamila«, stelle ich fest.

»Wer ist Jamila?«

»Na, das Mädchen, das mir das Foto von Sahras Talisman geschickt hat.«

Tobias hat mir offensichtlich nicht richtig zugehört.

»Okay, okay«, sagt er und lässt den Wagen an. »Ich will zumindest im Warmen sitzen.« Er dreht die Heizung auf Volltouren, während ich lese, dass diese Jamila wirklich Sahra ist und mir schon lange schreiben wollte.

Wo wohnst du jetzt?, frage ich sie.

In Saarbrücken.

Ich bin in Lebach!

Wieso?

Mit einem Freund. Ich weiß nicht, wie ich ihr das erklären soll. *Sollen wir uns treffen?*

Tobias spricht mich an, während ich mit Sahra chatte. Er sagt: »Wir sollten das jetzt klären, ob wir zusammen an deiner Story arbeiten oder nicht.«

»Nicht jetzt«, sage ich und zeige ihm den Chat.

»Was soll das?«

Dann begreife ich erst, dass er ja kein Wort lesen kann, weil wir auf Arabisch schreiben. »Warte einen Moment, Tobias. Es ist Sahra.«

»Echt?«

»Ja.«

Sie schreibt, dass sie bei einer Familie wohnt. Sie will wissen, ob ich noch Kontakt zu anderen Syrern habe.

Die Leute kennst du nicht.

Ich bin hier untergetaucht.

Was meinst du damit?

Das muss ich dir erzählen, wenn wir uns sehen.

Wo?

Sie schreibt plötzlich nichts mehr.

Was ist los?, tippe ich.

Es kommt keine Antwort. Warum muss sie untertauchen? Und warum ist sie in Saarbrücken?

»Wir müssen nach Saarbrücken«, sage ich.

»Okay. Was soll ich denn ins Navi eingeben?«

»Saarbrücken«, sage ich.

»Sehr witzig. Ich brauche eine Adresse.«

»Hab ich nicht.«

»Eben wolltest du sie nicht mehr sehen. Jetzt willst du zu ihr nach Saarbrücken, hast aber keine Adresse.«

»Sie musste untertauchen. Ich will wissen, was los ist!«

»Hat sie etwas Schlimmes gemacht?«

Daran habe ich noch gar nicht gedacht. Aber ich kann es mir nicht vorstellen. Was soll Sahra denn getan haben? Gestohlen? Jemanden umgebracht? Drogen geschmuggelt? Nein. Das glaube ich nicht!

Tobias spekuliert: »Vielleicht ist sie radikal geworden?«

»Sahra?«

»Dieser Khalil hat ja auch eine Macke. Oder sehe ich das falsch? Würde mich nicht wundern, wenn er irgendwann mit einem Sprengstoffgürtel im Supermarkt an der Kasse steht.«

»Warum sagst du so etwas Negatives?«

»Ja, was denkst du denn über ihn? Ich fände es gut, wenn er ins Gefängnis käme oder sie ihn zurück nach Syrien schicken würden. Schließlich wollte er mein Geld klauen und hat uns betrogen und geschlagen. Erinnerst du dich nicht mehr?« Tobias deutet auf seine Wange. »Der Typ hat sie doch nicht mehr alle. Der ist gemeingefährlich und muss ins Gefängnis.«

»Erinnerst *du* dich noch, wie du sonst immer geredet hast? Man müsse Verständnis haben. Man müsse sehen, dass die Europäer und Amerikaner die Länder erst destabilisiert haben. Dass Europa Schuld an der Krise habe. Nicht jeder Muslim sei ein Terrorist.«

»Du sprichst jedenfalls schon gut Deutsch«, stellt Tobias fest. »Man müsse ... Woher hast du denn solche Satzkonstruktionen? Aus der Schule?«

»Jedenfalls weiß ich nicht, warum du plötzlich so aggressiv gegen uns Leute aus Syrien redest!«

»Hä?« Tobias verzieht das Gesicht. »Das tue ich doch überhaupt nicht. Ich sage nur, dass Typen wie Khalil eine Gefahr sind. Oder siehst du das etwa anders? Hast du den ganzen Scheiß von gestern einfach vergessen? Das kann doch nicht sein!«

»Nein. Natürlich ist Khalil kriminell. Das weiß ich selbst, aber ...«

»Nichts aber. Ich ...«

Doch ich unterbreche ihn und bitte ihn, jetzt endlich nach Saarbrücken zu fahren. Es würde mich schon sehr beruhigen, wenn wir zumindest in Sahras Richtung unterwegs wären.

Er schnallt sich an und wir lassen Lebach hinter uns.

Saarbrücken ist eine Stadt mit einem Fluss und einer Autobahn. Die beiden liegen direkt nebeneinander wie zwei Schlangen, die sich nicht mögen, aber für immer und ewig aneinandergekettet sind. Schließlich hat die

Stadt kein Geld, um die Autos unter die Erde zu verlegen. Wir fahren direkt ins Zentrum und hinein ins Nauwieser Viertel. Es besteht aus einer Reihe von Lokalen, kleinen Gemüseläden, Restaurants; hier trifft sich, wer in Saarbrücken dazugehören will.

Tobias findet keinen Parkplatz.

»Was machen wir denn, wenn sie sich nicht bei dir meldet?«, fragt er.

»Das weiß ich auch nicht.«

Am Ende landen wir in einem der Cafés. Es heißt *Schrill*, was sich vermutlich auf die blaue, rote und weiße Einrichtung bezieht, die an eine gemütliche Küche erinnert. Aber das Essen ist betont in Grau- und Brauntönen mit viel Naturgrün gehalten. Dieses Nauwieser Viertel kommt uns vor wie ein Dorf in der Stadt. In Köln gibt es auch so etwas, direkt um die Ecke, es heißt Lenauplatz. Aber Fesseha, ich und die anderen gehen nicht gerne dorthin. Die kleinen Läden sind teuer und es gibt fast nur Deutsche und ein paar Studenten. Sie haben ihren Bäcker, ihre Metzgerei, ihren Gemüseladen. Genau wie hier. Die Deutschen destillieren sich so in der Stadt ihr eigenes Dorf zusammen und nennen es Viertel: Kaum ein Araber ist dort zu sehen, kein Afrikaner.

»Alles bio«, erklärt Tobias, der sich über biologische, vegane und vegetarische Ernährung lustig macht. »Die

Leute hier machen auf Bio«, tuschelt er mir zu und versucht mir die Deutschen zu erklären. »Dabei fliegen sie kreuz und quer durch die Welt, um Urlaub zu machen oder wichtig auf Geschäftsreisen zu gehen. Die verpesten die Luft mehr als jeder Asi, der nicht bio kaut.«

Er sagt es ironisch, obwohl er doch selbst so lebt.

Ich esse Bratkartoffeln mit Salat und würde gerne so leben wie diese Menschen hier. Es muss ein schönes Leben sein.

Tobias ist gut gelaunt, was daran liegt, dass er endlich einen preiswerten Milchkaffee bekommt, und schwadroniert über die Wandfarbe. »In der Klinik, in der Zeta geboren wurde, war die Wand genauso gestrichen. Die Hebamme hat uns erklärt, so sehe es für das Kind aus, bevor es den Uterus verlässt. Uteruslila. Jessi wollte Zeta dort zur Welt bringen, da der Arzt für seinen sauberen Kaiserschnitt bekannt ist. Für den Fall, dass es Komplikationen geben sollte.«

Ich komme mir vor wie in der Küche unseres Heims.

Nur will Tobias diesmal nicht, dass ich von mir und der Flucht rede, sondern er redet und redet. So gesprächig wie jetzt habe ich ihn überhaupt noch nie erlebt.

Ich schaue auf mein Handy. Fesseha hat geschrieben, dass Nina extrem schlecht auf mich zu sprechen ist. Sie könne es nicht ertragen, wenn sich einer einfach nicht meldet. Sollte ich mich bis Montag nicht erklärt haben, so werde sie es dem Jugendamt offiziell melden müssen. Was das bedeute, wisse ich ja wohl.

Ich weiß es nicht.

Ich gebe bei Google die Frage ein: *Was passiert, wenn ein Flüchtling wegläuft?* Ich finde nichts dazu und stelle Tobias dieselbe Frage.

Der lacht herzhaft: »Ich weiß nicht, was passiert, wenn ein Flüchtling flüchtig ist. Ist das nicht sein Job?«

»Das ist nicht witzig. Nina macht Stress. Sie sagt, ich müsse mich melden, sonst würde mir etwas passieren.«

»Was soll dir groß passieren? Einsperren können sie dich nicht. Schreib ihr doch einfach eine WhatsApp, dass es dir gut geht und du am Montag zurück sein wirst.«

»Ich weiß nicht. Sie wird nicht lockerlassen. Sie wird mich ausfragen.«

»Dann lass es halt und bleib selbst locker. Hauptsache du erzählst niemandem, dass du mit mir unterwegs bist. Ich weiß nämlich nicht, was dann passiert. Schließlich bist du minderjährig.«

»Aber über sechzehn.«

»Eine Kindesentführung ist es also zumindest nicht mehr. Das beruhigt mich ja ungemein.«

Wieder lachen wir und ich esse meine Kartoffeln zu Ende.

Sahra meldet sich. *Tut mir leid, dass ich eben abbrechen musste,* schreibt sie, *aber ich hatte ein Problem.*

Wo bist du?

Zu Hause.

Wo ist das?

Statt einer Adresse schreibt sie: *Wir sollten uns woanders treffen.*

Warum?

Ich lebe hier bei einer Familie. Die mögen es nicht, wenn ich andere Leute mit nach Hause bringe.

Wir können dich bei der Kälte mit dem Auto abholen.

Habe schon einen Winter ohne dich überlebt, schreibt sie mit einem zwinkernden Smiley zurück.

Dann frage ich sie nach ihrer Handynummer und wir telefonieren.

Ihre Stimme klingt aufgeregt, und ich habe ein Kribbeln im Bauch, als würde ich von einem Hochhaus in die Tiefe springen und gleichzeitig direkt in den Himmel hinein. Sie will mir nicht so viel am Telefon erzählen und redet trotzdem mit mir am Handy über ihre Adoptivfamilie Wetenberg, die Schule und darüber, dass sie gerne Jura studieren möchte. Das Kribbeln in meinem Bauch ist ein Ozean. Sie müsse noch etwas an ihrem Deutsch arbeiten, sagt sie. Das weiß ich nicht, aber ich merke, dass ihr Arabisch ein bisschen stockend ist. Ja, sie rede nur noch selten Arabisch. Seitdem sie nicht mehr im Heim lebe, wolle sie ganz viel Deutsch können. Ob wir nicht lieber Deutsch sprechen könnten, fragt sie mich. Nein, sage ich. Ich möchte nicht, dass Tobias jedes Wort versteht, das gebe ich ehrlich zu. Er würde das eine oder andere womöglich falsch auffassen. Ich überrede sie, dass wir sie abholen, und füge hinzu: »Wir können dann immer noch zusammen in ein Café fahren.«

Ich verrate ihr jedoch nicht, dass ich sie die ganze Zeit vermisst habe und es kaum erwarten kann, sie endlich wiederzusehen.

Ehe sie auflegt, frage ich noch: »Warum musst du dich verstecken?«

»Später.«

Ich höre im Hintergrund jemanden rufen. Es ist eine Männerstimme.

»Ruft dich Herr Wetenberg?«

»Nein, das ist Maxim.«

Von einem Maxim hat sie noch nichts erzählt.

»Dein Freund?«, frage ich.

»Nein, der Sohn der Familie.«

»Also nicht dein Freund?« Ich habe sofort ein ungutes Gefühl.

»Wie genau willst du das denn noch wissen?«

Sie weicht meiner Frage aus, und ich bohre nicht mehr nach, obwohl ich eifersüchtig bin auf diese Stimme, auf diesen Sohn der Familie. Ich weiß, dass ich kein Recht dazu habe, dass es nicht einmal einen Grund dafür gibt, aber die Eifersucht zieht mir den Magen zusammen. Sie sagt, ich solle sie kurz auf dem Handy anklingeln, wenn wir bei ihr vorm Haus sind. Sie würde dann vor die Tür kommen und mit uns fahren.

Kurz darauf sitze ich neben Tobias im Wagen. Noch immer liegt das Snickerspapier auf dem Boden und auch die leeren Dosen Red-Bull-Cola.

»Warte mal kurz«, sage ich, bevor Tobias den Golf startet. Ich packe den ganzen Müll, laufe zum Mülleimer und werfe ihn dort hinein.

»Was sollte das denn jetzt?«, fragt mich Tobias, als ich wieder einsteige.

»Ich ertrage den Müll nicht.«

»Löblich«, meint Tobias, und wir fahren aus der Parklücke. Dann fügt er jedoch hinzu: »Du möchtest wohl nicht, dass deine Kleine in ein verdrecktes Auto steigt?«

Ich sage nichts dazu.

»Sie setzt sich ja ohnehin nach hinten«, fügt er hinzu. »Da steht doch dein Vogel auf dem Boden.«

Wie? Ich habe überhaupt nicht mehr an Klaus gedacht. Er hat keinen Ton mehr von sich gegeben. Was ist mit ihm? An der nächsten roten Ampel steige ich zwischen unseren Vordersitzen nach hinten und nehme das Tuch von Klaus, das ich zu seinem Schutz über das Glas gelegt hatte. Noch während ich »Klaus!« sage und pfeife, sehe ich, dass der Vogel nicht mehr im Glas ist. Das Tuch in der Hand frage ich Tobias: »Wo ist er?«

Tobias sagt, er wisse es nicht.

»Er kann doch nicht einfach verschwunden sein. Du musst ihn weggetan haben.«

»Es ist besser, dass er nicht mehr da ist. Glaub es mir«, sagt Tobias.

Ich sehe über den Rückspiegel in sein Gesicht. Wie meint er das? Ist Klaus tot? Hat er ihn weggeworfen? Was ist mit meinem Wellensittich passiert?

Ich will ihn fragen, aber stattdessen steige ich wortlos nach vorne.

Wir fahren wieder über die Brücke und ein Stück hinauf zum Schloss.

»Sie wohnt in einem guten Viertel«, bemerkt er, ehe ich etwas sagen kann.

Die Fahrt geht am Stadtschloss vorbei. Hier sieht alles sehr nett aus, und die Häuser werden immer edler, die Gärten größer, und den Autos sieht man an, wie gut es den Menschen geht.

»Ich weiß nicht, wie ich mich gleich verhalten soll«, gestehe ich. »Soll ich Sahra umarmen? Oder ihr einfach die Hand geben?«

»Das findet sich«, sagt Tobias.

Ich konnte mich schon bei Khalil nicht entscheiden, aber bei Sahra …? Der Gedanke an Khalil macht mich nervös. Wer weiß, ob es stimmt, was mir Sahra eben erzählt hat. Khalil hat mich auch belogen. Was, wenn sie wirklich mit irgendwelchen Fanatikern zusammen ist?

Wir parken mit unserem mickrigen alten Golf vor dem Haus der Familie.

Vor uns steht ein BMW, hinter uns ein dicker Audi. Die Straße ist eng, das braunrote Haus wirkt abweisend: Sämtliche Rollos sind heruntergelassen, und die dunkelbraune Haustür hat nicht einmal einen Schlitz, nur ein paar Ornamente, die aussehen wie eckige Pflanzen.

Tobias meint: »Sieht irgendwie unfreundlich aus.«

»Das liegt daran, dass es bald dunkel wird.«

»Oder sie wollen nicht, dass irgendwer sieht, was im Haus vor sich geht.«

»Du machst mich nervös«, sage ich.

Wie verabredet rufe ich Sahra an. Sie geht nicht ran. Vielleicht sollte ich zur Tür laufen und klingeln. Ich weiß nicht. Ich bin unsicher. Das passiert alles viel zu schnell. Gestern waren wir noch in Paris und jetzt sind wir hier. So schnell ändern sich die Welten. Ein Mann kommt auf uns zu, der auf das Haus schaut, dann jedoch weitergeht. Er passt nicht in diese Gegend, denn er sieht aus wie ich: Araber, Türke, Perser oder Armenier wird er sein. Seine Jeans ist sauber, seine Daunenjacke schwarz, er trägt Mütze, Fäustlinge, Schal und einen knallroten Schirm, obwohl es nicht mehr regnet.

»Will der auch was von deiner Freundin?«, fragt Tobias ironisch.

Der Mann sieht uns im Wagen und geht gleich weiter. Ich bin erleichtert, als er an uns vorbeiläuft.

»Jetzt klingel doch einfach mal!«, schlägt Tobias vor.

Wir steigen beide aus, gehen an der Hecke entlang und betrachten die Festung. Die meisten Häuser hier sind bestimmt schon hundert Jahre alt, aber dieses scheint jünger zu sein, denn es hat überhaupt keinen Schmuck an der Fassade.

Ich rufe noch einmal Sahra auf dem Handy an. Als wieder der Anrufbeantworter anspringt, drücke ich die Türklingel. Der Gong ist laut. Wir hören Geräusche, die auch von einem Hamster in einer Schachtel stammen könnten, Schritte, dann Stimmen, und schließlich vibriert mein Handy.

»Wo bist du?«, fragt mich Sahra.

»Was glaubst du, wer gerade bei euch geklingelt hat?«

Im nächsten Moment öffnet sich die Tür.

Dahinter steht nicht Sahra, sondern ein sehniger Mann, der sportlich wirkt in seiner Jeans und dem Sweater, auf dem ein Skifahrer zu sehen ist. Wo ist Sahra?

Er sagt: »Du musst Basil sein.«

Ich bejahe.

Er gibt mir freundlich die Hand und schaut Tobias an. »Und du bist …?«

»Tobias Meurer«, stellt Tobias sich vor.

»Es ist im Moment nicht so einfach«, erklärt der Mann, der vermutlich Sahras Ziehvater Alexander ist, von dem sie erzählt hat. Er hat trotz des Winters einen leicht gebräunten Teint. »Wir haben die Rollos heruntergelassen, weil wir Angst um unsere Sahra haben.«

Der Flur, in dem ich stehe, ist so länglich wie jener im Heim. Nur steht hier ein gewaltiger Schuhschrank und an den weißen Raufaserwänden hängen zwei Landschaftsfotografien. Eine mit Bergen, eine mit Meer.

»Wo ist Sahra?«, frage ich.

»Gleich«, sagt der Mann und tritt an uns vorbei aus der Haustür. Er schaut sich um, als erwarte er noch jemanden.

Dann führt er Tobias und mich ins Wohnzimmer.

Dort sitzt Sahra mit großen Augen auf der Couch, erstarrt wie ein Püppchen. Ich kann es nicht fassen. Sie hat sich die Haare abgeschnitten, ganz kurz wie eine dreißigjährige Deutsche. Während dieser Herr Wetenberg, der auch Tobias sofort geduzt hat, seine Frau vorstellt und ich ihr die Hand gebe, sind meine Gedanken nur bei Sahra, die jetzt neben der Couch steht und mir wie einem entfernten Bekannten die Hand gibt. Es ist nur eine kurze Berührung, ein Händedruck und ein Blick, aber es ist mehr, als ich ertragen kann. Mir ist flau im Magen. Ich habe das Gefühl, meine Beine nicht mehr zu spüren. Hitze durchflutet mich. Ich breche gleich zusammen.

»Setz dich«, sagt Alexander Wetenberg.

Ich sinke in den Sessel. Es ist hier richtig deutsch. Mit Couch und Couchtisch, mit Fernseher und zwei großen Sesseln. Es gibt sogar unter dem Fernseher ein Fach für Fernbedienung und Zeitung.

»Sie hat mir von dir erzählt«, sagt der Junge, der neben Sahra sitzt. Er heißt Maxim und hat eine dunkle, klare Stimme. Wie geleckt sieht er aus mit seinen glatten schwarzen Haaren und dem Boss-Hemd. Teuer wirkt er, richtig teuer wie ein Protzer. Solche Leute gibt es auf meiner Schule nicht, die gehen auf noble Internate, die in Filmen vorkommen.

Er schlägt vor, dass ich ihn auch Max nennen könne, falls mir das leichter falle. Glaubt er, ich kann kein Deutsch? Er legt seine Hand auf Sahras Oberarm, nur kurz, aber er streichelt sie ein wenig, scheint sie näher zu kennen. Warum tut er das? Sie hat doch gesagt, dass sie keinen Freund hat! Oder habe ich mich verhört? Ist er doch Sahras Freund? Hat sie mich angelogen? Hat sie sich nicht getraut, mir gleich von ihm zu erzählen?

»Sahra wollte dich eigentlich alleine treffen«, sagt Frau Wetenberg, deren Vornamen ich eben bei der Vorstellung überhört habe. Vielleicht hat ihr Mann ihn auch gar nicht gesagt. Aber ich habe ihr eben die Hand gegeben, da bin ich mir sicher. »Wir halten es für besser, wenn Sahra heute nicht mehr das Haus verlässt.«

»Warum?«, frage ich kurz angebunden, denn sie reden über Sahra, als würde sie ihnen gehören, als sei sie nicht frei zu entscheiden, ob sie auf die Straße geht oder nicht. Ich sehe, wie die Hand des Jungen auf Sahras Oberschenkel ruht, wie sie ein wenig zur Seite rückt, aber seine Hand auf ihrem Schenkel bleibt. Merkt er nicht, wie unangenehm ihr seine Berührung ist?

»Weil wir ein wenig Angst um unsere Sahra haben und nicht wirklich wissen, was wir tun sollen. Wir haben eben die Polizei verständigt, aber die hat gesagt, sie könne keinen Beamten zu ihrer Sicherheit abstellen. Die Saarbrücker Polizei habe für solche Dinge keine Kapazitäten frei. Vielleicht wäre es besser für Sahra, wenn sie zurück ins Heim ginge, doch das will Sahra nicht, und wir möchten es auch nicht. Schließlich gehört sie zu uns.« Als Frau Wetenberg dies sagt, schaut sie mit einem freundlichen Lächeln zu Sahra hinüber.

Ich weiß nicht, wovon die Frau redet. Sie ist hübsch, aber nicht sehr vornehm angezogen, sondern trägt einen etwas weiteren Sweater und einen wollenen Rock. Sie sieht aus wie all diese über vierzigjährigen deutschen Frauen, die jung und ökologisch aussehen wollen. Wenn sie sich die Pantoffeln und Strümpfe ausziehen würde, kämen garantiert lackierte Fußnägel zum Vorschein. Im

Park hatten die Frauen ab vierzig alle lackierte Fußnägel.

Tobias fragt endlich, was denn los sei.

Und dann bin ich erschüttert darüber, was uns erzählt wird. Dass Sahras Vater gar nicht tot ist, dass sie mich aus Scham belogen habe, dass ihr Vater und vielleicht auch ihr Ehemann sie bedrohen und Sahra Angst habe umgebracht zu werden.

Tobias sagt, er habe erst gestern ein Video gesehen, wie eine Frau gesteinigt wurde. Ich hätte es ihm gezeigt. Es sei schrecklich, was mit den Frauen gemacht würde. Ich weiß nicht, was er sich dabei denkt, wenn er so etwas erzählt. Er sollte besser den Mund halten! Wie kann er jetzt von einer Steinigung sprechen? Was soll dieser Mist? In Syrien werden keine Menschen gesteinigt. Das ist Blödsinn! Da ging es um Afghanistan! Tobias will wissen, wie Sahras Vater aussieht. Wir hätten eben einen Araber vor dem Haus gesehen, der sich auffällig für das Haus interessiert habe.

Alexander Wetenberg zeigt uns auf seinem Handy ein Foto von der Facebook-Seite von Sahras Vater.

»So sieht er also aus«, sagt Tobias.

Er nimmt das Handy von Herrn Wetenberg und hält es mir hin, damit ich das Foto anschaue. Sahras Vater habe keine Ähnlichkeit mit dem Mann, den wir vor dem Haus gesehen haben. Zudem trage ihr Vater einen Bart.

Ich ertrage Tobias' Stimme nicht. Er ist so aufgekratzt, als gehe es um eine Sensation, als könne er die Story an Spiegel online oder RTL verkaufen. Herr und Frau Wetenberg sind ebenfalls gesprächig. Er erzählt, dass ganz in der Nähe in einer Turnhalle Flüchtlinge leben würden. Vielleicht sei der Mann eben daher gekommen. Sie hält nichts von dieser Erklärung, denn die Turnhalle sei zu weit weg. Das müsse einen anderen Grund haben. So reden sie. Da sie sämtliche Rollos am Haus heruntergelassen hätten, sei ein Eindringen des Vaters kaum vorstellbar. Sahra müsse sich keine Sorgen machen. Sie würden auch niemandem die Tür öffnen, wenn sich der Besuch nicht angekündigt hätte. Deshalb hätte ich zuvor anrufen müssen. Sahra habe eine unglaubliche Angst – sie selbst und ihr Sohn Maxim im Übrigen auch.

All das ist mir nicht so wichtig. Mich interessiert nur diese Hand von Maxim, die auf ihrem Oberschenkel ruht, als gehöre sie dorthin. Und sein Mund, der nun Sahras Wange zärtlich küsst. Sie wehrt sich nicht dagegen. Sie sind also ein Paar. Ich kann es nicht fassen.

Ich stehe auf und frage nach dem Bad. Herr Wetenberg führt mich hin.

Als ich im Bad bin, endlich allein bin, setze ich mich auf den Toilettendeckel. In meinem Magen rumort es. Direkt neben mir ist der Duschvorhang aus weichem Kunststoff. Ich drücke meine Fingernägel hinein und schaue auf den Abdruck; drücke meinen Nagel noch stärker hinein und versuche den Vorhang kaputt zu reißen. Ich will ihn zerstören. Ich will das alles hier zerstören! Bestimmt ist sie nicht freiwillig mit diesem Maxim zusammen. Ich nehme mein Portemonnaie aus meiner Hosentasche, finde darin den kleinen USB-Stick und schneide damit einen Ritz in den Vorhang. Kaputt. Als ich daran reiße, ist ein riesiges Loch darin. Ich drücke die Klospülung, könnte heulen, aber ich kann es nicht. Ich habe nicht mehr geweint, seit meine Mutter tot ist.

Dann wasche ich mir die Hände. Mein Blick fällt auf ein eingedrehtes schwarzes Kunststoffmäppchen, das offen auf der Ablage unter dem Spiegel steht. Darin sind Rasierpinsel und -schaum, Nassrasierer und ein Set Rasierklingen. Ich nehme sie heraus. Einen Moment lang betrachte ich mein Gesicht im Spiegel und die Klingen in meiner Hand, dann packe ich das Rasierzeug zurück.

Im Wohnzimmer ist die Lage noch immer so, wie sie eben war. Warum hat Sahra überhaupt Kontakt zu mir aufgenommen? Warum bin ich hier? Ich habe nichts mit diesen Leuten zu tun, nur mit Sahra. Herr Wetenberg und Tobias reden darüber, dass Angela Merkel den Flüchtlingen gesagt habe, sie müssten zurück, wenn der Krieg in Syrien vorbei sei. »Warum sollten sie dann überhaupt noch bei uns eine Lehre machen? Sich integrieren?«, ereifert sich Frau Wetenberg, als wollte sie die Welt retten.

Dann fragt sie mich, ob ich später zurück nach Syrien gehen wolle.

Ich frage sie, ob sie nach Syrien will.

Sie schaut mich verdutzt an.

»Ich weiß es nicht«, sage ich, um sie nicht zu sehr zu provozieren. »Meine Mutter ist tot und mein Vater ist tot. Syrien gibt es nicht mehr.«

Alle schweigen.

Sahra schiebt Maxims Hand immer noch nicht von ihrem Oberschenkel.

Tobias erklärt den Wetenbergs, dass ich mich um ein Stipendium als Fremdsprachenkorrespondent beworben habe.

Sahra lächelt mich zwischen all dem steifen Gerede verlegen an. Sie spürt, was ich noch immer für sie empfinde. Ich will ihr nah sein, doch ich komme nicht an sie heran, keinen Zentimeter. Sie wischt sich eine Haarsträhne aus dem Gesicht, und als sei dies ein Zeichen, gießt ihr Maxim noch Wasser nach.

Alexander Wetenberg meint: »Mit jeder Bombe und jeder Rakete machen wir die Situation für die Leute in Syrien und dem Irak noch unerträglicher. Dabei ist es egal, wer die Bombe wirft oder die Rakete abschießt.

Denn auch die Bombe deines Freundes, die in deinem Haus explodiert, zerstört dein Haus.«

Tobias sagt, dass er den Gedanken von Alexander Wetenberg interessant findet. »Hätten wir Deutsche uns also komplett aus dem Krieg heraushalten sollen? Waren die Tornados ein Fehler?«

»Ganz sicher. Wie sollen wir denn einer syrischen Familie, die Schutz bei uns sucht, erklären, warum der Westen gerade mithilfe der Bundeswehr ihr Haus in Syrien zerstört? Bei uns leben schon so viele Menschen aus der Region, dass wir ihnen das nicht antun dürfen.«

Sie reden und reden, über Fehler und über mögliche Lösungen, über Übergriffe auf die Unterkünfte der Asylbewerber, reden über Sachsen und seine Ausländerfeindlichkeit, und Sahra lässt es zu, dass Maxim seinen Arm um sie legt.

Zu meiner Überraschung erhebt sich Anna Wetenberg. Ich habe die letzten Sätze des Gesprächs überhaupt nicht mehr registriert. Frau Wetenberg meint jetzt: »Tja, vielleicht möchtest du« – dabei schaut sie Sahra an – »deinem Freund ja mal zeigen, wie du bei uns lebst.«

Kurz darauf finde ich mich neben Sahra wieder. Als wir die steile Treppe hinaufsteigen, geht sie vor – ihr Oberteil ist hellblau und weich, die Jeans sitzt eng –, Maxim folgt uns. Tobias' Worte klingen noch in mir nach. Er hat gesagt, ich sei um die halbe Welt gereist, um Sahra endlich wiederzusehen. Warum kann er nicht still sein? Es ist nicht nur peinlich, dass er das sagt, sondern auch dumm. Sahra konnte es schließlich genauso hören wie ich.

Als wir einen flüchtigen Blick in Maxims Zimmer werfen – das Bett zerwühlt, ein Mac auf dem Schreibtisch –, berührt Sahra kurz meinen Oberarm.

»Komm, hier ist mein Zimmer.« Sie führt mich weiter durch den Flur über diesen grauen Teppich. Sahra lebt zwischen einem Kleiderschrank, der Ladestation für ihr Handy, die gleichzeitig auch Musik abspielt, einem Schreibtisch und dem Blick in den Garten. Sie sagt, dass es ein wunderschönes Haus ist. Wir sind nicht alleine. Maxim ist bei uns. Oder bin ich bei ihnen? Ich bin der Besuch. Aus Höflichkeit ihm gegenüber muss ich Deutsch mit ihr sprechen. Er lobt meine Sprache. Wir reden über Schule, Musik, Deutschland. Maxim setzt sich auf ihr Bett und sagt launisch: »Deutschland mag dich, solange du nicht im Bus zu laut am Handy redest.«

Wir lachen und mir ist übel.

Maxim sagt, dass er es nicht zulassen werde, dass Sahras Vater sie bedrohe. Sie wiederholt, wie intelligent er ist und dass er sogar Gitarre spiele, als müsse sie ihn mir verkaufen, als müsse sie sich selbst einreden, wie toll er ist. »Und im kommenden Sommer wird er in München Medizin studieren.«

Mein Leben hat mit ihrem nichts mehr zu tun. Das ist mir jetzt klar.

»Warum wolltest du mich treffen?«, frage ich sie.

Sahras Grübchen verschwinden aus ihrem Gesicht. »Vielleicht weil ich dich sehen wollte.«

Das ist keine Antwort, das ist nur ein *vielleicht*.

Maxim schlägt sich mit beiden Händen auf die Oberschenkel, um aufzustehen. »Jetzt seht ihr euch ja.«

Das tun wir. Und schauen aneinander vorbei zu Maxim.

Unten reden sie über Streubomben der Russen auf Homs. Die Menschen würden hungern und hätten keinen Strom. Große Teile von Aleppo lägen in Schutt und Asche und die Türkei lasse keinen Flüchtling mehr über die Grenze. Schließlich wolle keiner sie haben. Das sei nur logisch. Am Ende würden sie in Syrien bleiben müssen und so lange dort warten, bis der Krieg vorbei ist. Schrecklich sei dies alles. Nur eine Flugverbotszone könne helfen. Ja, das sei richtig. Aber wer wolle sich schon einmischen, wenn Russland bombt? Sie reden und reden und ich bin weit weg von Sahra.

Eine Viertelstunde später küsst sie mich zum Abschied an der Haustür rechts und links auf die Wange. So würden es die Saarbrücker tun, sagt sie und lächelt förmlich, als wolle sie den entfernten Bekannten nun möglichst unverfänglich wieder verabschieden. Doch dann zögert sie, schaut kurz zu Maxim hinüber, der sich gerade von Tobias verabschiedet, und drückt mich an sich. »Es tut mir leid«, flüstert sie mir auf Arabisch ins Ohr.

Ich schließe die Augen und genieße ihre Wärme.

Dann erwidere ich, dass ihr nichts leidtun müsse.

Keiner versteht, was wir sagen, keiner ist ihr näher als ich – nicht einmal Maxim, der jetzt direkt hinter ihr steht.

Kurz darauf sitzen Tobias und ich wieder im Wagen.

»Das ist ja schrecklich. Stell dir vor, der Vater kommt zurück«, redet Tobias sofort drauflos, während er ausparkt. Das war gerade alles wie in einem Film, bei dem ich nur im Kino sitze. Ich hatte keinen Kontakt zu irgendjemandem. Nicht einmal zu Tobias, der jetzt wie ein Wasserfall auf mich einredet. »Eigentlich wäre es der perfekte Knüller für das Buch, wenn Sahras Vater tatsächlich bei ihrer Adoptivfamilie auftaucht und sie mit einem Messer bedroht. Also, nicht dass ich Sahra das wünschen würde, aber es wäre die perfekte unerwartete Wendung für den Roman …«

Ich bin genervt. Denkt er eigentlich nur an seinen blöden Roman? »Als ›Knüller‹ für dein Buch wünschst du dir so ein Familiendrama?«, blaffe ich ihn an. »Euch Deutschen geht immer gleich die Fantasie durch, wenn es um Muslime geht.«

Tobias sieht mich erschrocken an und lenkt sofort ein. »Entschuldige. War nur so ein Gedanke.«

Wir sehen schweigend auf die Straße vor uns. Dann fängt Tobias wieder an: »Ich mag die Wetenbergs. Sind nette Leute, vor allem der Vater.«

»Ach ja?«, sage ich.

»Wir haben unsere Kontaktdaten ausgetauscht. Wer weiß, wenn er mal nach Köln kommt, dann könnte …«

»Ich will jetzt nicht reden«, sage ich grob zu Tobias.

Nach einer Weile tut es mir leid, dass ich ihn so angefahren habe. Ich glaube, er hat überhaupt nicht begriffen, wie schlimm die Situation eben für mich gewesen ist. Ich nehme das Thema von eben wieder auf.

»Hast du denn nach dieser Reise genug Stoff für das Buch?«

Er wirft mir einen Blick von der Seite zu. »Na ja, mir fehlt noch das Grundgerüst für den Roman. Bislang habe ich nur Fetzen von deiner Erinnerung.«

»Was meinst du mit Fetzen?«

»Na, du hast ja nicht chronologisch eins nach dem anderen erzählt, sondern bist hin und her gesprungen. Ich muss das ganze Material erst einmal sortieren und in eine Handlung setzen.«

Er redet von Material und sortieren. Das klingt, als wolle er den Kölner Dom aus Streichhölzern nachbauen.

»Ich weiß einfach noch nicht, was der rote Faden sein könnte«, sagt er.

»Und wenn du unsere Fahrt und die Suche nach Sahra aufschreibst?«

Er überlegt. »So eine Art Roadmovie?«

»Vielleicht. Schließlich waren wir eine ganze Weile unterwegs.«

»Hm, die Idee gefällt mir.« Tobias biegt hinter dem Schloss auf die Stadtautobahn ein. »Ich würde einfach in Köln mit der Geschichte beginnen und in Köln enden. Und ich wäre eine Figur in der Geschichte.«

»Vielleicht sogar die Hauptperson!«, spotte ich.

Tobias lacht, aber ich merke, dass ihn mein Spott ein wenig trifft. Schließlich hat er in seinem Leben bislang kaum etwas erlebt. Kindergarten, Schule, Universität, Beruf. Sicherheit. Urlaube und Kinobesuche. Das Schreiben ist sein Ding, nicht das Leben. Über ihn würde niemand ein Buch schreiben. Jedenfalls keinen Abenteuerroman, keinen Krimi oder einen Liebesroman. Oder wie immer dieses Buch auch genannt werden wird.

»Vielleicht sollte ich die Geschichte selber aufschreiben«, sage ich.

»Wenn du meinst«, erwidert er ruhig. Er drückt sich mit dem Daumennagel gegen das Nagelbett des Zeigefingers. Sofort blutet es wieder ein wenig. Er merkt es gar nicht. Mein Satz hat ihn geärgert, da besteht kein Zweifel. Er versucht freundlich zu bleiben. Ich weiß nicht, warum ich das mit dem Selbstschreiben gesagt habe. Ob ich ihn verletzen will? Ich glaube, es ist wegen Sahra. Ich hatte wirklich gehofft, sie würde mich lieben. Wie konnte ich nur so naiv sein? Aber ich konnte ja nicht ahnen, was sie mir alles verschwiegen hat …

Als wir an der Ausfahrt *Lebach* vorbeikommen, ist es draußen dunkel. Ich schaue mir Sahras Facebook-Seite auf dem Handy an, das Kuscheltier. Ich sehe mich vor diesen beschmierten Kasernen in Lebach stehen. Meine Bilder im Kopf sind hell, aber um uns herum ist dunkle Nacht. Eine Lebacher Schulklasse kam zu uns, um mit uns Fußball zu spielen, damit wir uns ein wenig kennenlernen, die Deutschen und die Asylbewerber. Die Schüler waren so alt wie wir und ich habe keinen von ihnen je wiedergesehen. Der Ball war ein echter WM-Ball von Adidas. Sahra ist nun genauso weit weg wie Mia Thielen aus meiner Klasse, die mit den roten Haaren. Maxims Hand auf ihrem Bein. Sie hat sich nicht dagegen gewehrt.

Die Abrollgeräusche des Golfs sind laut, der Asphalt auf der Autobahn ist rau. Alles ist hier und jetzt. Nichts mehr trennt früher von heute. Nichts. Rechts und links von uns ist die Landschaft bergig. Ich mag die Berge.

Sie versprechen dir, dass es auf der anderen Seite weitergeht und etwas Neues beginnt. Ich kann die Berge nicht sehen. Ich weiß nur, dass sie da sind, so wie das Schlauchboot. Wir sitzen außen, die Mütter und die Kinder hocken in der Mitte. Wir frieren, obwohl es warm ist in dieser Nacht.

Ich reiße mich zusammen. Will nicht mehr denken.

»Also wirst du das Buch jetzt schreiben?«, frage ich ihn.

»Mit dir würde ich es schon gerne schreiben.«

»Warum soll ich dabei sein?«

»Weil du die Hauptfigur bist.«

»Was steht auf dem Umschlag? Dein oder mein Name?«

»Das scheint dir ja wichtig zu sein.«

Ich überlege. »Nein, eigentlich nicht.«

Die Landschaft fliegt an uns vorbei. Sehen kann ich nur die Lichter der Häuser und Straßen. Sie geben Anhaltspunkte, wie die Sterne im Himmel. In der Wüste sieht man die Sterne ganz klar. Ich liege auf dem Rücken im Schnee und betrachte die Sterne.

»Kein Schnee mehr«, bemerkt Tobias. Hat er meine Gedanken erahnt? »Nur noch Matsch am Straßenrand. Ich würde gerne mal einen Winter in Finnland oder so verbringen. Da ist es zwar dunkel, aber das wenige Licht wird vom Schnee reflektiert.«

Wir fahren an Trier vorbei auf einer Brücke, die so riesig ist wie die Welt.

Koblenz. Bonn. Köln. Diese Punkte liegen vor uns.

»Fährst du zu Jessi, wenn wir in Köln sind?«

»Ich werde mich erst mal bei einem Freund einquartieren.«

»Kenne ich ihn?«

Er schüttelt den Kopf. Dann fragt er mich: »Was ist denn nun mit Sahra?«

»Sie bleibt bei Maxim.«

»Was hältst du von Maxim?«

»Du hast doch gehört, er wird Medizin studieren. Also wird er Geld verdienen.«

»Du meinst, er gibt ihr Sicherheit«, sagt Tobias ironisch.

Ich bejahe.

»Du glaubst doch nicht wirklich, dass sie bei ihm bleibt, weil er sie eines Tages finanziell absichern kann?«

»Wieso nicht?«, antworte ich. »Das ist realistisch. In einem Buch, das hier in Deutschland verkauft werden soll, würde ich das natürlich nicht schreiben – in einem Buch wäre sie eine Heldin und würde sich von jeder Abhängigkeit frei machen, auch von Maxim.«

»Klingt interessant«, sagt Tobias.

»Interessant ist Scheiße«, entgegne ich.

Tobias stellt das Radio ab, als müsse er überlegen.

»Nein, im Ernst – ich glaube, ich verstehe, was du meinst. Würde sie mit Maxim zusammenbleiben, so würde sie sich nach der Erfahrung dieser Zwangsehe sofort in die nächste Abhängigkeit begeben. Weil sie aber eine Heldin ist, trennt sie sich von ihm und geht ihren eigenen Weg.«

»Genau. Sie soll doch emanzipiert sein und unabhängig. So wie Jessi es ist.«

»Mit dem Unterschied, dass Jessi nie mit einem Mann hat schlafen müssen, den sie nicht mag«, bemerkt Tobias.

»Weißt du das?«

Tobias verzieht den Mund. »Das hoffe ich zumindest!«

Nach einer Weile, die uns fast bis nach Koblenz führt, meint er: »Ich glaube, dass Sahra diese Zwangsehe immer noch in den Knochen steckt. Wie soll eine junge Frau, die jahrelang mit einem ungeliebten Mann leben und Sex haben muss, noch zu wirklicher Liebe fähig sein? Das muss furchtbar für sie gewesen sein.«

»Sonst wäre sie ja nicht weggelaufen«, sage ich. »Sie hat es nicht ertragen. Du kennst solche Männer wie ihren Vater nicht.«

»Die will ich auch gar nicht kennenlernen. So was wie Zwangsehen hat es bei uns ja auch früher mal gegeben. Es ist einfach gruselig.« Er scheint zu überlegen. »Hat sie dir eigentlich jemals gesagt, dass sie dich gernhat oder dich liebt?«

Das hat sie nicht. Sie hat nur von meiner Haut gesprochen. Und auch das nur ein einziges Mal. Trotzdem liebe ich sie und habe ein Kribbeln im Bauch, wenn ich an sie denke.

»Du solltest Sahra anrufen, wenn wir in Köln sind«, rät mir Tobias. »Ihr solltet noch mal miteinander reden.«

»Nein«, sage ich. »Es ist alles gesagt. Sie hat sich entschieden. Oder willst du das wirkliche Ende der Geschichte wissen? Ob sie mit Maxim nach München geht? Ob sie sich ein eigenes Leben aufbaut oder mit ihm glücklich wird? Ob sie Kinder bekommt und eine Familie gründet? Ich will es nicht wissen!«

»Wirklich?« Tobias glaubt mir meine Worte nicht.

»Ich würde das Buch genau in dem Moment enden lassen, wo du mich nach Hause fährst. Du wirst zu deinem Freund fahren und das Buch schreiben. Und ich finde einen Brief von der Herbrandt-Stiftung vor, in dem steht, dass ich das Stipendium für eine Ausbildung zum Fremdsprachenkorrespondenten bekommen habe. Du wirst unsere Geschichte aufschreiben, deinen Namen darauf setzen – und dann trennen wir uns.«

»So negativ sollte es nicht enden.«

»Wieso negativ?«, frage ich ihn. »Meine Mutter wird glücklich sein, wenn das Buch an ihrem Grab liegt.«

»Willst du wirklich nach Syrien fahren?«

Ich sehe auf die Rücklichter vor uns, ein Unfall scheint passiert zu sein, denn wir stauen uns auf freier Strecke. »Ja, ich werde das Buch an ihr Grab legen, ganz sicher.«

»Soll ich das auch noch ins Buch schreiben?«

»Wenn du magst.«

»Find ich gut«, sagt er. »Ein solches Ende gefällt mir.«

Zwei Monate später

Ich gehe durch den Park. Es schneit nicht und es regnet nicht. Das Wetter ist so neutral und leer, wie ich es bin. Es ist ein gutes Gefühl, eine aufgeschriebene Vergangenheit zu haben. Während die übrigen Europäer ängstlich sind, hat nicht nur die Welt in Deutschland sich verändert, sondern auch Deutschland die Welt. In der Dunkelheit riecht es nach Frühling und Zukunft.

Ich friere nicht und ich schwitze nicht.

Alles, was ich habe, liegt zu Hause in meinem Zimmer auf dem Klapptisch. Die Blätter sind beschrieben. Wort für Wort, Zeile für Zeile. Wie die jungen Triebe, die langsam über mir an den Ästen der Bäume wachsen. Die Sterne sind heller als sonst, sind näher an der Erde als sonst. Tobias ist wieder mit Jessi zusammen, auch ohne eine neue Arbeit gefunden zu haben. Es freut mich für Zeta. Wir werden das Buch verkaufen. Auch ohne den Knüller. Denn Sahras Vater ist nicht mit dem Messer bei den Wetenbergs aufgetaucht, sondern in Syrien gestorben. So hat es Alexander Wetenberg Tobias gemailt. Eine Bombe hat Sahras Elternhaus ausgelöscht.

Sie muss nun keine Angst mehr haben, sondern nur noch trauern um den verlorenen Vater und die verlorene Mutter. Tobias will noch ein Exposé schreiben, um das Buch einem Verlag schmackhaft zu machen. Er beeilt sich, denn er möchte die Geschichte anbieten, solange die Stimmung gegenüber den Flüchtlingen noch positiv ist und die Angst nicht überhandgenommen hat.

Ich bin übrigens kein Flüchtling mehr, denn ich fühle mich angekommen.

Ich sehe auf mein Handy, denke an all die Nachrichten, die ich Sahra geschickt habe, seit ich in Deutschland bin. Doch ich schreibe ihr nicht mehr – seit unserem Abschied bei den Wetenbergs haben wir nichts mehr voneinander gehört. Aber das ist gut so, denn ich habe sie zu lange gesucht.

Das Stipendium von der Herbrandt-Stiftung habe ich tatsächlich bekommen, knapp eine Woche nach unserer Ankunft lag der Brief im Briefkasten. In einem halben Jahr geht es los, dann werde ich Fremdsprachenkorrespondent, werde eine Arbeit finden, eine eigene Wohnung, ein Stück Deutschland zur Miete, kein Jugendamt mehr, ich werde ich selbst sein.

Khalil hat sich gemeldet. Er will mich besuchen, aber ich will es nicht. Er ist dreist. Paris hat ihn verdorben, hat ihn hart und egoistisch gemacht. Oder ist er schon auf unserer Flucht so gewesen? Wie bin ich gewesen?

Ich weiß es nicht mehr. Es ist zu viel passiert. Ich werde es zu Haus nachlesen.

Die beiden Schwäne liegen wie riesige weiße Punkte im Gras. Der Mond sieht ihnen zu. Ich dachte immer, dass sich Schwäne nachts in einem Gebüsch Schutz suchen. Diese hier tun es nicht. Ich hätte in Athen Angst gehabt, mich einfach so auf den Rasen zu legen, den Blick frei auf mich. Ich lag immer an meinem Dornenbusch. Die Schwäne sind weiß wie ein unbeschriebenes Blatt Papier. Es sind treue Vögel. Sie lernen sich kennen, lieben sich und bleiben zusammen, achten auf ihre Kinder und ziehen nicht nach Süden. Denn sie kommen aus dem Norden. Die Schwäne in Deutschland sind nur ausgesetzte Vögel, verwildert in diesem Land. So stand es im Netz. Eigentlich ist ihre Heimat das Baltikum, der Süden Schwedens, das Schwarze Meer, Kleinasien und bis hinauf nach Nordchina. Wenn die Schwäne wegziehen, dann in den Norden und in den Osten, niemals in den Süden. Ob es stimmt, was im Netz stand? Ich weiß es nicht. Jedenfalls passen sie hierher in diesen Park, der so rechteckig ist wie ein Blatt Papier, auf dem eine Landschaft wächst, mit einem See, Grasflächen, Hecken, einem Bootsverleih und der Allee, durch die ich gehe.

Ich mag dieses Land, seine Ordnung, denn ohne Ordnung ist alles nichts. Unter meinen Füßen knirschen die kleinen Steinchen auf dem Weg. Ich laufe geradeaus und in einem rechten Winkel nach rechts, dann über die Brücke. Unter mir fließt der ewige Verkehr, in die Stadt hinein und aus der Stadt heraus. Die Autobahn trennt den Park vom Wohnviertel. Wenn man die Brücke hinter sich hat, ist der Park weit weg, man sieht nur noch Einfamilienhäuser mit hübschen Vorgärten. Nur das Rauschen der Autos ist noch zu hören wie aus der Ferne. Ich biege in unsere Straße ein und drehe schließlich den Schlüssel um zu meiner Heimat, die ich mir noch mit den gleichen Leuten teile wie vor meiner Reise zu Sahra.

Die Hanteln liegen neben meinem Bett, nur die Deutschlandkarte habe ich abgehängt. Ich brauche sie nicht mehr, ich kenne das Land jetzt gut genug. Ich hocke mich auf den Stuhl und schaue auf das Buch, ein Stapel Blätter. Jedes einzelne ist scharf, man kann sich daran schneiden. Mein Name wird weder auf dem Umschlag stehen, noch taucht er im Buch auf. Tobias wollte mich unbedingt erwähnen, aber das durfte er nicht. Ich bin noch keine achtzehn Jahre alt, daher verbietet es mein Vormund, das Jugendamt. Und es ist gut so. Ich will gar nicht auftauchen, ich lebe hier und jetzt und ich werde Fremdsprachenkorrespondent. Deutsch und Arabisch, das ist eine gute Kombination.

Fesseha redet im Zimmer neben mir. Ich höre auch eine Frauenstimme. Alem ist bei ihm, sie ist ebenfalls

Äthiopierin, ebenfalls schlank und groß wie er. Sie haben sich an jenem Wochenende kennengelernt, als ich mit Tobias unterwegs war. Rein zufällig sei sie auch Äthiopierin. Kann das ein Zufall sein? Und ein Zufall, dass sie sich verliebt haben?

Ich muss an Sahra denken und lese das Buch, es beginnt mit der Zeile:

Ich vermisse dich!

Nachwort

Alles ist im Fluss.

Das Geld.

Die Waren.

Die Menschen.

Wir legen unser Geld in Shanghai und an der Wall Street an, produzieren Autos und Drehbänke für Indien, China und Malaysia – und schicken unsere Kinder für ein Jahr nach England, in die USA, nach Neuseeland oder Australien. Dort wird die Weltsprache gesprochen – und wer will schon beim Globalisieren stumm hintanstehen?

Alles läuft gut!

Alles ist im Fluss!

Und die Kriege, die so wichtig für die Wirtschaft sind, die haben wir ausgelagert: Sie finden schon lange nicht mehr in Europa statt, sondern in Afghanistan, im Irak, in Libyen oder Syrien. Früher haben wir Waffen für Kriege produziert, heute produzieren wir Kriege für unsere Waffen, sagen Zyniker. Aber eins ist sicher: Wer Waffen in den Nahen Osten schickt, darf sich nicht wundern, wenn Menschen zu uns kommen. Denn wir sind ein bisschen wie Amerika geworden, ein Einwanderungsland, ein Fluchtpunkt, wo Ordnung und Friede herrscht. Dabei haben wir keine unendlichen Weiten wie einst Amerika und Australien, sondern sind so dicht besiedelt wie ein Gurkenglas. Doch wir sind das Ziel ihrer Träume, sind magnetisch.

Wer hätte das gedacht?

In dem Roman *Checkpoint Europa* spielen die Ankommenden die Hauptrolle. Es sind jugendliche Flüchtlinge: Zwei, drei Jahre waren sie unterwegs, geflohen aus dem Nahen Osten, Afghanistan, dem Kongo, geflohen vor dem Krieg und der Zerstörung. Manche sind im Gefängnis gewesen, ihnen wurden der Pass und die Kindheit geraubt; andere haben ihre Pässe einfach weggeworfen, weil sie auf keinen Fall mehr zurückmöchten in ihre »failed states«. Sie haben häufig so lange Zeit auf der Flucht gelebt, dass die Flucht selbst einen großen Teil ihrer Erinnerung ausmacht. Sie haben gelernt zu überleben und sich durchzuschlagen – manche wurden dadurch bereichert, andere verbittert und fanatisch.

Die Hauptfigur im Roman ist Basil, ein siebzehnjähriger Junge aus Homs (Syrien). Er war im türkischen Gefängnis, hat in Athen auf der Straße gelebt, ist als

Blinder Passagier mit einer Fähre von Griechenland nach Italien gereist und lebt jetzt in Köln. In der Romanfigur Basil spiegeln sich viele Ankommende wider, die ähnliche Schicksale erlebt haben und die ich in den vergangenen Jahren treffen durfte.

Eine andere Figur ist die Syrerin Sahra, die bei einer deutschen Familie lebt. Für sie gibt es ein reales Vorbild: Sie ist in Deutschland aufgewachsen, dann wollte ihr Vater zurück in seine syrische Heimat. Dort hat er sie mit vierzehn an einen Nachbarn verkauft. Das zwangsverheiratete Mädchen ertrug die Situation nicht und lief weg. So kehrte sie zurück nach Deutschland, wo sie von einer Familie aufgenommen wurde. Die hatte einen Sohn, doch der war nicht wie jener Maxim im Roman in sie verliebt, sondern eifersüchtig. Resultat: Die wirkliche Sahra musste gehen. Ich lernte sie vor vier Jahren zufällig bei einem Schreibworkshop kennen, als sie in einem Heim lebte. Seit Jahren ist den Lehrern klar, wie viele Menschen bei uns einen sicheren Hafen suchen, schließlich landen die Ankommenden in den Klassenzimmern. Oft sind die Lehrer überfordert, aber sie stemmen diese Aufgabe, so gut es geht.

Ich habe in *Checkpoint Europa* viele dieser Schicksale aufgegriffen und zu Figuren verwoben, so wie ich es damals in *Checkpoint Jerusalem* schon mit Amer und Maja getan habe. Mein Glück ist, dass ich den Nahen

Osten und Nordafrika selbst bereisen durfte: für das Außenministerium, für das Goethe-Institut oder als Entwicklungshelfer.

Ich weiß, dass Jugendliche nicht immer die Wahrheit erzählen. Sie lügen nicht zur Täuschung, aber oft fließen Anekdoten und Bilder aus den Medien mit ein, die sie über WhatsApp zugeschickt bekommen oder auf Facebook-Seiten von Freunden gelesen haben. Die Welt ist manchmal ein Kaleidoskop für sie, Versatzstücke schwirren durch die Köpfe und werden zu Erinnerungen. Alles geschieht gleichzeitig, schließlich können die Dämonen der Vergangenheit ständig wiederkehren. Ein Trauma ist immer da, egal, wo man sich befindet. Als Konsequenz daraus geht es in diesem Buch mit den Zeiten ab und an durcheinander. Vergangenheit wird Gegenwart. Und gestern heute.

Vor dreißig Jahren lernte ich bei einem Job in den Semesterferien erstmals einen Flüchtling kennen. Wir bügelten Lederjacken für den Schlussverkauf eines Kaufhauses auf. Die Jacken kamen aus Asien. Wir standen vor arm- und beinlosen Puppen, denen wir die Jacken überstülpten, dann drückten wir auf einen schwarzen Knopf, und überall aus den Puppen drang heiße Luft, blähte die Jacken und machte das Leder faltenfrei. Wir verbrannten uns die Finger, die ganze Halle in Köln-Ehrenfeld schwitzte, und wir schwitzten mit. Dann hängten wir die

Jacken auf Bügel – und schon waren sie bereit für den Schlussverkauf.

Außer mir arbeiteten nur Afrikaner in der Hitze. Mein äthiopischer Freund wollte damals unbedingt etwas für sein Land tun – und ich wollte etwas für die Welt tun. Also kauften wir in Addis Abeba für zwölf Frauen ein Stück Land, züchteten Eukalyptussetzlinge, pflanzten Mangold und Kartoffeln. Meinen Freund traf ich vor neun Jahren in der Kölner City wieder. Er arbeitet heute im Management eines Logistikunternehmens. Das war mein erster intensiver Kontakt mit einem Flüchtling.

Dann arbeitete ich als Student für das Innenministerium in der Sowjetunion. Dort lebten »Russlanddeutsche«. Sie waren einst an die Wolga ausgewandert und nach dem Zweiten Weltkrieg von Stalin nach Sibirien, Kasachstan, Kirgisien und Usbekistan vertrieben worden. Sie hatten nur ein Ziel: Heim ins gelobte Land Deutschland! Schon damals waren wir magnetisch!

Als sie nach Deutschland kamen, das damals noch geteilt war, nannten wir sie nicht Flüchtlinge, obwohl sie dem Ex-Sowjetsystem entflohen waren. Ich schrieb zig Einladungen an jene Menschen, die ich in Kirgisien kennengelernt hatte. Sie kamen, um zu bleiben, einige auch in unserer Wohnung. Heute leben sie in Frankfurt am Main, Karlsruhe und Köln. Obwohl sie einen deutschen Pass haben, essen sie ab und an Piroggen und nennen Crêpes immer noch Blini.

Der erste Russlanddeutsche übrigens, den ich damals einlud, fragte mich: »Warum holt ihr uns nicht alle hierher? In Deutschland leben doch zwei Millionen Türken. Wir sind zwei Millionen Deutsche in Russland. Schmeißt die Türken raus und holt uns.« Er hatte eine völlig andere Vorstellung von Deutschland als ich. Er dachte in Nationen, nicht in Sprach- und Kulturgebieten. Er nannte Deutschland seine Heimat.

Aber was ist Heimat? Ein Schüler aus dem Kosovo malte mir seinen Heimatort an die Tafel: ein Haus im Kosovo. Zu elf Leuten lebten sie in zwei Zimmern. Er sagte, er sehne sich dorthin zurück. Aber das geht nicht, denn seine ganzen Verwandten leben heute über ganz Deutschland verstreut; seine Heimat hat sich verflüchtigt. Die kindliche Heimat bekommt er also nie zurück, doch ein neues Zuhause hat er gefunden: im Saarland, in Lebach, gleich neben der Erstaufnahmestelle.

Vielleicht ist die neue Heimat der Flüchtlinge aber auch Facebook und WhatsApp. Längst haben diese Netzwerke die Ländergrenzen aufgehoben. Dafür bedurfte es keiner EU. Manch ein Flüchtling hat sein Land im Internet, seine Freunde und Bekannten, Geborgenheit. Ab und an wird auf den Seiten der Toten etwas gepostet, denn es gibt sonst keinen Grabstein. Und ab und an macht jemand eine Facebook-Seite für einen Toten, um ihn in Erinnerung zu halten. So wie Basil im Buch.

Mit dem Verlust ihres Handys hat Sahra im Roman einen Teil ihrer Identität verloren. Es ist klar, wie schnell eine Verbindung abgebrochen werden kann, wie fragil die Länder auf der Landkarte und die Heimat im Netz geworden sind. Seit Jahren habe ich Kontakt mit Flüchtlingen, mit Menschen, denen die Heimat zerbombt wurde, deren Handy ihr Leben ist, habe ihre Geschichten aufgeschrieben und Zeit mit ihnen verbracht. Zu meinem Glück haben mich die Jugendämter stets dabei unterstützt, schließlich sind sie die Vormünder für die unbegleiteten Jugendlichen aus Syrien, Afghanistan oder Eritrea. Sie achten übrigens peinlich genau darauf, dass im Roman die Personen nicht wiedererkennbar sind. Zurzeit arbeite ich wieder mit einer kleinen Gruppe Flüchtlinge in einem Projekt in Köln. Ob wir unser Ziel erreichen, miteinander einen digitalen Stadtplan zu erstellen, wissen wir nicht, aber zumindest gehen die Projektteilnehmer ein Stück dieses Weges gemeinsam.

All die Ankommenden in Deutschland werden das Land verändern. Sie tragen ihre Vergangenheit, ihre Traumata und ihre Träume mit zu uns. Wir sollten unser Augenmerk nicht auf die Verbrecher richten, sondern auf jene, die bei uns Halt suchen. Wir werden sie und ihre Geschichten in unser kollektives Gedächtnis mit einflechten, so wie schon die italienische, spanische, griechische, kroatische, serbische und russische Einwanderung Teil unserer Geschichte geworden ist. Und Deutschland wird Teil ihrer Geschichte werden. Vielleicht befindet sich der künftige syrische oder irakische, libysche oder afghanische Präsident zurzeit in einer der Aufnahmestellen in München, Köln, Berlin oder Frankfurt.

Alles ist im Fluss.

Das Geld.

Die Waren.

Die Menschen. Und die suchen nach Halt und Zukunft in einem sicheren Land. Egal ob sie vor Krieg oder vor Armut fliehen.

Manfred Theisen, Köln, im Februar 2016

224 Seiten, ISBN 978-3-570-31107-3

Manfred Theisen

Weil es nie aufhört

ca. 288 Seiten
ISBN 978-3-570-30902-5

Alissa geht auf die achte Klasse und träumt davon, ihr nächstes Schuljahr in Neuseeland zu verbringen. Alles ist gut. Da lernt sie auf Facebook Leon Mask kennen, einen Typen in ihrem Alter, der sie versteht. Bald chatten beide häufig miteinander. Immer intimere Details tauscht Alissa mit dem Unbekannten schließlich auch via Skype aus. Was sie nicht weiß: Leon Mask filmt mit, als Alissa ihren Oberkörper enthüllt. In der Folge erpresst Leon Mask Alissa, wenn sie nicht das macht, was er will. Als Alissa sich wehrt, tritt Leon Mask eine Cybermobbingkampagne los. Bald nennen sie Alissa an der Schule die „Facebook-Schlampe". Polizei und Eltern sind machtlos, finden nicht den Täter hinter Leon Mask. Selbst als Alissa die Schule wechselt, folgt er ihr …

cbt

30120

www.cbt-buecher.de